La ilusión de vivir

Biblioteca Enrique Rojas

Enrique Rojas

La ilusión de vivir

Instrucciones para navegar hacia la felicidad

ESPASA

Espasa, un sello editorial de Editorial Planeta, S. A.
Avda. Diagonal, 662-664, 08034 Barcelona (España)
www.espasa.com
www.planetadelibros.com

Diseño de la cubierta: Booket / Área Editorial Grupo Planeta
Ilustración de la cubierta: Shutterstock
Primera edición en Colección Booket: abril de 2011
Primera edición en esta presentación: septiembre de 2025

Depósito legal: B. 13.317-2025
ISBN: 978-84-670-7862-6
Impreso en España

Biografía

Enrique Rojas es catedrático de Psiquiatría y Psicología Médica y director del Instituto Rojas-Estapé de Psiquiatría de Madrid. Ha sido Premio Extraordinario del Doctorado por un trabajo de investigación sobre el suicidio. Premio Conde de Cartagena de la Real Academia de Medicina de Madrid. Médico Humanista del Año en España. Premio Pasteur de la Asociación Europea de Competitividad por su trayectoria clínica. Sus libros ofrecen dos vertientes: los clínicos, dedicados a la depresión, la ansiedad y las crisis de pánico, los trastornos de la personalidad y las enfermedades obsesivas; y los libros humanísticos y de ensayo, centrados en la voluntad, la inteligencia, las crisis de pareja o la felicidad. Ha vendido cerca de tres millones y medio de libros. Su obra ha sido traducida a numerosos idiomas, desde el inglés hasta el ruso, pasando por el alemán, el italiano, el portugués o el polaco. Ha impartido conferencias en distintas ciudades del mundo, desde Madrid y Barcelona hasta Buenos Aires, Lima, México, Santiago de Chile o Guayaquil, pasando por Londres, Múnich, Milán, Roma, Viena, Nueva York, Sídney o Vancouver.

ÍNDICE

Para mi hija Cristina: navego
por tus ojos de azul mediterráneo,
limpios y generosos, buscando
el horizonte de tu vida

El tema de la ilusión es algo que aparece con mucha frecuencia en mis libros. Cuando yo era un adolescente, en mi Andalucía natal, me encantaba leer ensayos y recuerdo que mis padres fomentaban ese hábito que luego ha ido creciendo.

La ilusión es el envoltorio de la felicidad, no su contenido. La vida es siempre una tarea que nos lleva hacia delante. Cuando abrimos un regalo, durante el tiempo que transcurre mientras le quitamos el papel y el lazo que suele llevar, hay medio minuto de emoción intensa hasta que descubrimos lo que hay en su interior.

Tener ilusiones es tener vida. Es tener cosas por las que luchar. Quiero hacer una distinción que me parece oportuna y es la diferencia que hay entre *metas* y *objetivos*. El lenguaje diario confunde las cosas y no las sabe matizar; por el contrario, el diccionario nos abre las puertas de los matices, las vertientes y los pliegues y el vocabulario se hace personal e intransferible. *Las metas son generales*: amplias y abiertas, mientras que *los objetivos son medibles*, se pueden cuantificar, se traducen al lenguaje matemático.

Un ejemplo nos aclara la situación. Un chica adolescente ha sido diagnosticada de anorexia-bulimia. La *meta* es curarse, ir mejorando de sus síntomas, mientras que los *objetivos* son muy concretos: hacer tres comidas al día, no vomitar, comer en familia, no pesarse más que una vez a la semana, evitar hablar de dietas y regímenes alimenticios, luchar contra las crisis de glotonería, evitar obsesionarse con alguna parte concreta de su cuerpo, etc.

Ilusión y felicidad forman un binomio. Parece casi una utopía hablar de felicidad. En un mundo tan complejo, difícil y atravesado de dificultades sin cuento, parece que mencionar esta palabra es como si uno no tuviera los pies en la tierra.

La felicidad consiste en tener metas elevadas y realistas, con objetivos cuantificables. La felicidad consiste en todo aquel conjunto de cosas buenas que cualquier hombre es incapaz de no querer, y para entrar dentro de esa geografía del hombre feliz es necesario alcanzar un cierto equilibrio personal que consiste en tener una forma de ser bien conjugada, en donde las aristas se disuelvan y asome lo mejor de uno mismo.

El agradecimiento es la memoria del corazón. Vaya este hacia mis lectores, que han agotado ediciones anteriores y han facilitado esta nueva. La ilusión es mirar al porvenir con argumentos. Hablando con propiedad, el animal tiene futuro mientras que el hombre tiene porvenir.

12 de abril del 2010

El término «ilusión» se utiliza en psiquiatría para hacer referencia a uno de los trastornos de la percepción. Cabe distinguir dos modalidades: la ilusión y la alucinación. Su definición clínica es esta: falsas percepciones de la realidad producidas por un estímulo concreto. Son deformaciones de la captación de aquello que entra por los sentidos. La persona altera la cualidad del objeto percibido y el resultado es el engaño. Todas las ilusiones implican un juicio inexacto de lo que percibimos, pero a partir de unos estímulos reales.

Entre los distintos tipos de ilusión podemos señalar:

1. Ilusiones por inatención: son muy frecuentes. Se producen, por ejemplo, cuando uno está leyendo un libro y hay alguna errata en el texto que subsanamos por el interés de su contenido.

2. Ilusiones afectivas: Se llaman también catatímicas. Tienen lugar cuando uno está bajo los efectos de un estado emocional especial, que modifica la calidad de lo percibido. Por ejemplo, si vamos de noche por un lugar poco ilu-

minado, podemos confundir una figura humana con la sombra de un árbol.

3. Ilusiones determinadas por la fantasía: también llamadas paraidólicas, suelen ser habituales. Uno está, por ejemplo, tomando el sol en la playa, muy relajado, y al mirar las nubes durante bastante rato llega a percibir la cara de una persona, un caballo, una escena de guerra...

Yo quiero referirme aquí a otro sentido de la palabra «ilusión», que es el que recoge el lenguaje de la calle y que significa que uno tiene afanes, esperanzas, retos por alcanzar. Se trata de un estado de ánimo entusiasta y optimista que se proyecta hacia el futuro. El hombre vive siempre hacia delante, en la confianza y el deseo de que el objetivo trazado llegará a cumplirse algún día. La ilusión empuja, arrastra, tira, fascina por su contenido y pone en marcha la motivación. Es como sentirse hipnotizado ante aquello que queremos conseguir.

La historia de la palabra «ilusión», presente en todas las lenguas románicas, tiene un fondo kafkiano. Procede del latín *ludere* y este de *ludus*, que quiere decir juego. *Iludere* significa divertirse, hacer bromas, tener ocurrencias, salidas de tono irónicas. Hay en todas estas expresiones una intención entre jocosa y de engaño. El *Diccionario de autoridades* del siglo XVIII relaciona otras tres voces: iluso («el que se deja engañar»), *ilusor* («el que falsea») e *ilusorio* («el contenido de aquello que engaña»).

A lo largo de varios siglos este término tuvo mala prensa. De él se derivaron expresiones como «hacerse ilusiones», «de ilusión también se vive» y otras similares, cuyo acento era muy negativo, en tanto que alude a lo que no se apoya en la realidad: el ensueño, la utopía, la quimera, la fantasía o el mito. La primera noción positiva de este concepto la encontramos en el *Diccionario de uso del español* de María Moliner (1967), en el que se recoge su sentido de esperanza en alcanzar algo especial. Y no es hasta 1982 cuando el *Diccionario de la lengua española* de la Real Academia hace constar la siguiente acepción: «Esperanza cuyo cumplimiento parece especialmente atractivo. Viva complacencia en una persona, cosa, tarea, etc.».

Julián Marías le dedicó un excelente ensayo a este tema: *Breve tratado de la ilusión*, en el que la sitúa como el ingrediente que mueve toda vocación y el carácter proyectivo de la trayectoria personal. Vamos a ver cuáles son los principales componentes que pueden alojarse en esa especie de flecha que se dispara hacia adelante y busca el blanco donde clavarse.

La vida está tejida y enhebrada de hilos sedosos que dejan rastro de las preferencias que hemos tenido. Tener ilusión es estar vivo y coleando, programar objetivos, soñar con sacar lo mejor de uno, crecerse ante las dificultades y llegar a esa cima que de joven uno se planteó.

Es preciso humanizar la sociedad de nuestros días. Ante tantos avances de la ciencia y la técnica, no debemos permitir que lo humano pierda fuerza y quede como un reducto estelar para momentos especiales. Si eso fuera así, habría que arrojarse en brazos de la moral del naufragio: sálvese quien pueda.

La ilusión constituye la dimensión esencial del porvenir. No su contenido, pero sí su envoltura. Con ella podemos sostenerle la mirada a la vida, abrir los ojos y soñar, pero sabiendo que hay que pelear a fondo para que esos sueños se hagan realidad. Ante la vorágine de los tiempos que nos ha tocado vivir, es menester ir tejiendo ilusiones que se sitúen en nuestro horizonte como imanes que nos atraen hacia un campo magnético. «El día de mañana, cuando yo sea mayor...», decimos con frase acertada y llena de futuro.

Las estampas ciudadanas de hoy tienen un perfil vertiginoso. Todo va demasiado deprisa. La primera ilusión que propongo, pues, es trabajar sin prisa, con el alma, dando lo mejor que uno posee. Gozar con la tarea que se tiene entre manos, amando el trabajo bien hecho. De esta manera, uno se va haciendo dueño de su propia trayectoria a pesar de los mil avatares y circunstancias que la van bombardeando. Los argumentos de la vida personal cobran así un inusitado entusiasmo.

Cuando uno repasa su vida más reciente, los últimos meses, las imágenes retrospectivas resaltan de forma precisa lo sustancial y marginan la hojarasca. Hay que saber vivir sacándole el máximo jugo a la vida. En eso estriba la felicidad. Felicidad e ilusión forman un binomio inseparable. Inyectar ilusión en el proyecto de uno es revitalizarlo, darle energía, pulirlo, adecentarlo, vacunarlo contra ese enemigo que es la monotonía y el desgaste de todo lo que tocamos. Así se van desgranando los esfuerzos por alcanzar lo mejor. Y cualquier naufragio resulta positivo, enseña una lección concreta de la que cabe aprender algo.

Aunque nos cueste reconocerlo cuando nos llega y nos paraliza con su zarpa, el sufrimiento es necesario para la maduración de la personalidad. Es casi su mejor cabalgadura. Este friso de vivencias aleccionadoras nos descubre facetas, ángulos, vertientes y laderas por donde se cuela la vida misma, y nos ofrece una nueva visión de la jugada. La reacción suele ser de inmediato vesánica; luego los hechos se reposan y se visten de otros atavíos. El tiempo, que corre a nuestro favor, nos irá mostrando el significado de los derroteros escogidos por las circunstancias. Porque toda biografía es continua y discontinua, lineal y ondulante, transparente y opaca, lúcida y tenebrosa. La historia de cada ser humano es desigual, por eso, para comprenderla en su totalidad, hay que buscar la unidad de los acontecimientos.

Ilusión es despertar cada mañana con ansias renovadas y superar las adversidades. Ilusión es encontrar el viento de la mañana fresco y de cara, ver con nuevos ojos las mismas cosas y a las personas que nos rodean, trepar por enredaderas que ascienden buscando las cumbres en donde la adversidad se disuelve, igual que lo hacen las nieves en los riscos de las peñas escarpadas.

Si los años arrugan la cara, el carecer de ilusiones arruga el alma y uno se vuelve viejo. La juventud no depende de los años, sino de la frescura y lozanía de los planes por cumplir y las metas por rebasar. La ilusión es uno de los sentimientos más fértiles para avanzar, adelantarse y sobrevivir. Anticipación, futuro, expectativas, esperanza... La vida pidiendo paso, abriéndose camino entre masas de hechos. Una persona con ilusión está siempre vibrando y se eleva por encima de las realidades por difíciles que estas sean.

La ilusión, pues, es alegoría gozosa vertebrada de desafíos, profecía que precede a la conquista, alegría de ser capaz de levantar los ojos y mirar por sobreelevación. Como dice Julián Marías, estar ilusionado es en algún modo desvivirse, verbo privativo y reflexivo a la vez. «Desvivirse es la forma suprema del interés, veo en él el correlato de la ilusión.»

En pocas palabras, tener ilusión es ser uno mismo. Tener ilusión es patrocinar la alegría.

capítulo

uno Sobre la vida

El optimismo: la visión positiva de la vida

Enseñar a vivir es una tarea de maestros. En los tiempos que corren hay muchos profesores, pero pocos maestros. El profesor se limita a enseñar una disciplina: matemáticas, historia del arte, derecho civil, medicina interna..., y se queda ahí. El maestro va más lejos: *sirve de modelo de identidad para sus alumnos*; a muchos de ellos les gustaría parecerse a él. *El maestro es punto de referencia*. Insinúa, tras su conducta académica, un estilo, una forma de vida atractiva, sugerente, repleta de sentido, que empuja a imitarlo. Esa vida intensa y coherente se pone delante de sus ojos y le descubre otra visión de la jugada personal. El secreto está en los ojos. *El optimista ha sabido educar su mirada para descubrir lo positivo que se asoma a su alrededor*. No es que sea incapaz de percibir lo negativo, sino que se detiene más en lo bueno que en lo malo. Su visión repasa la realidad, pero en su retina —en su corazón y en su cabeza— se hospeda lo más valioso. Todo está en la forma de mirar.

La vida es como una aventura marina. El mar no siempre se presenta sereno y en calma, sino que como algo vivo, en movimiento, tiene subidas y bajadas, tempestades y días de horizontes abiertos. Cuando el mar empieza a erizarse y el oleaje pide paso y toma la delantera, uno adopta ciertas medidas defensivas para ponerse a salvo.

Cualquier biografía tiene momentos de naufragio. La mejor vida ha pasado por experiencias límite, con el peligro de no mantenerse a flote. Los psiquiatras, como perforadores de superficies psicológicas, sabemos mucho de eso. Nos asomamos a la sala de máquinas y hablamos cara a cara con el capitán de la nave.

El optimista no pierde la calma cuando todo parece que se viene abajo. Sabe mantener el tipo. Tiene fortaleza y serenidad. Relativiza. Lucha contra los elementos. Está atento a todo, pero mirando a la lejanía, porque los vientos favorables volverán. Se crece en la adversidad. No es fácil derrotarlo *a priori*. Siempre ofrece una resistencia que contrapesa la fatalidad. El infortunio y las condiciones negativas para la navegación no hacen que se instale en los peores presagios, sino que lucha, pone remedio, se las ingenia como sea para no verse barrido por esos elementos en torbellino de la naturaleza.

El optimismo no es una visión plana y simplona de la realidad, sino la capacidad de aceptar otro ángulo de los hechos, poniendo siempre una nota positiva y aplicándola con criterio. La persona optimista sabe diferenciar lo que es sustancial de aquello otro que es anécdota y periferia. Cuenta Edgar Allan Poe en su *Descenso a Maelstrom* algo que ilustra claramente lo que quiero decir. Tres pescadores se ven envueltos en un remolino de mar a todo tren. Un embudo enorme y circular arrastra con fuerza a los dos primeros. El tercero, más frío en el análisis de unos hechos vertiginosos, no pierde la calma en medio de lo que se avecina y observa lo que está sucediendo. No todo está perdido. La succión se produce de forma ordenada, hay una sistemática. Y en medio de la experiencia aterradora se percata de que los objetos circulares entran en el torbellino, dan unas vueltas y son expulsados, arrojados con fuerza hacia el exterior. Se ata a un tonel, entra en la vorágine, da unas vueltas y después sale disparado a bastantes metros.

La barca en la que navegaban los pescadores es absorbida y deglutida, mientras que este tercer tripulante no se deja embaucar por un mar enfurecido, sino que contrarresta el griterío de las olas con lo mejor de sí mismo. El optimismo es una forma de navegar.

El misterio de cada vida

La vida es la gran maestra. Cuando uno se asoma a la biografía de otras personas con un afán terapéutico, para aplicar ciertos criterios de salud mental, hay dos cosas que se descubren casi de inmediato. *Toda vida es una promesa y un misterio. Promesa*, en tanto que posibilidad de llegar algún día a alcanzar ciertas metas, de acuerdo con las posibilidades que uno tiene: tratar de sacar lo mejor, esperar resultados, en una palabra, ir viendo lo que el futuro nos va deparando. *Misterio*, porque cualquier trayectoria biográfica está repleta de ángulos, laderas, vertientes, zonas intransitables que son difíciles de comprender en su totalidad, y que van dejando un cierto rastro de nexos a veces deshilachados, con escasa continuidad.

Hoy vemos muchas vidas rotas en sus dos principales argumentos: la vida afectiva y la profesional. Ambos deben ir entrelazados. Esto es lo ideal, la aspiración del hombre más completo. Parto de una base bastante clara para un psiquiatra: *la sociedad actual está neurótica*, está psicológicamente enferma, lo cual no quiere decir que no existan muchas cosas buenas, positivas, enriquecedoras. Me refiero al conjunto del cuerpo y del tejido social. ¿Y por qué? Porque está desorientada, recorrida permanentemente por mensajes contradictorios difíciles de reconciliar, amasada de conflictos en su parte más sustancial.

La vida no tiene solo una razón lógica, sino sobre todo una razón psicológica. Se establece así una dialéctica de experiencias que se conexionan entre sí y forman una estructura, que constituye la historia personal. Toda historia de vida tiene un fondo enigmático, secreto, oculto, impenetrable. Hay un abismo, una especie de salto en el vacío en algunas conductas que nos tornan incomprensibles.

El psiquiatra, en tanto que espeleólogo de la intimidad, busca desvelar el porqué de muchos comportamientos. Descifra, esclarece, entra por las puertas laterales, intentando descubrir las leyes que expliquen y den cuenta de lo que esa persona ha ido haciendo. Este trabajo sigiloso va al encuentro de las claves cifradas de lo más oculto. *Cada biografía es el cuento de nunca acabar*. Y al mismo tiempo, se pueden establecer unos pasos sucesivos de estudio de cada segmento biográfico. *El auténtico sentido de una vida está desparramado a lo largo de su pasado.* Somos peregrinos de nosotros mismos hacia lo mejor. Nadie quiere dirigirse hacia lo peor. *La vida humana es futuro, anticipación, pensar en el día de mañana, en lo que será de cada uno cuando sea mayor.*

Wilhelm Dilthey, uno de los grandes pensadores del siglo XIX, decía que el hombre no es razón, sino historia; no es naturaleza, sino biografía. Cada uno es un jeroglífico que es menester ir entendiendo. Por eso, juzgar la vida ajena requiere tal acopio de datos e información que lo convierte a uno en historiador de intimidades. Solo desde dentro puede uno hacer cierta tarea de excursionista de sus pasos. Lo que nunca debemos perder es la coherencia, la pretensión de autenticidad, el hecho de que entre la teoría y la práctica se den unas concordancias bilaterales, de ida y vuelta.

La felicidad es la suma y compendio de la vida auténtica. Uno puede estar abierto por la mitad, en canal, destrozado en sus parcelas más importantes, pero si ha sido coherente, si no se ha falsificado a sí mismo, su vida destilará armonía. Lo diré de otra manera: *la felicidad no depende de la realidad, sino de la percepción de la realidad que uno hace*, de la revisión del programa de vida, del retablo que sintetiza lo que se ha hecho en relación con lo que se ha proyectado.

Vivimos en un principio de siglo XXI en el que el gran problema es la dificultad de mantener los vínculos. Pocas cosas llevan a fomentarlos.

La didáctica de la vida

La vida enseña más que muchos libros. Ella es la gran educadora. Yo creo en su didáctica. Cada uno tiene que habérselas con ella y sacarle el máximo partido posible. La vida de cada persona es un resultado: la consecuencia de lo que ha ido haciendo, poniendo sobre el tapete, sus posibilidades, su talento y un estilo específico de actuar frente a los grandes asuntos que jalonan la existencia.

Cuando uno se adentra en una biografía interesante, sugestiva, va descubriendo los distintos paisajes de esa historia personal, sus luchas y victorias, los reveses que se han sufrido y, también, las metas, objetivos y retos que han sido su razón de ser. Las vivencias de cada uno dan forma a su existencia, que se remansa en segmentos concretos, que colecciona y archiva diversas etapas: la infancia, la adolescencia, la primera juventud, la madurez, la década de los sesenta y la cuesta abajo que vivimos cuando nos aproximamos a ese momento que, usando un eufemismo, llamamos *tercera edad*.

Todo este montante de hechos constituye la experiencia, que no es otra cosa que un saber personal en el que uno mismo va descubriendo los núcleos gordianos de su devenir. El hombre inteligente sabe echar mano de esa experiencia y aprende de las enseñanzas que le proporciona la memoria: son *las vivencias abiertas de par en par, mostrando sus lecciones, conexionadas unas con otras. Datos íntimos que iluminan el futuro y nos sirven para rectificar, corregir el rumbo, superarnos.*

Como psiquiatra veo mucha gente perdida, sin saber

qué hacer con su vida y cómo llevarla hacia lo mejor. *El arte de vivir arranca precisamente de tener claro lo que uno quiere.* Hay toda una técnica de la vida. El hombre superior utiliza el corazón y la cabeza a la vez, de forma aguda y perspicaz. Vive en la realidad, tiene los pies en la tierra, conoce el suelo que pisa y las coordenadas que lo envuelven. Aprende viviendo, tomando nota, abriendo bien los ojos y oteando el horizonte para tener perspectiva, visión de futuro y sedimento de aprendizaje del pasado.

La psicología de la existencia personal es pública y privada, externa e íntima, vox populi *y exploración subjetiva.* Los psiquiatras bajamos a las profundidades del otro y, por supuesto, a las de uno mismo, para estudiar «la caja negra de la conducta». Cuando llegan las horas patéticas, esas en las que uno casi inevitablemente hace cuentas consigo mismo, se ven las cosas de forma más lúcida y las distintas parcelas de la travesía personal dejan a las claras lo que se ha ido haciendo con ellas. *Son las situaciones límite y los sufrimientos más dolorosos los que enseñan las mejores lecciones.* Si uno sale indemne de estas situaciones, puede experimentar un cambio muy positivo y dar un giro de timón, navegando ya de otro modo, sorteando escollos pasados y abriendo bien los ojos para buscar la mejor ruta que le llevará a un buen puerto donde atracar.

Pero al final nadie es dichoso. El *happy end* está pendiente de un hilo hasta el último momento, aunque, si hay detrás una filosofía de vida coherente y positiva, ese tinte dramático se disuelve y adquiere visos más suaves, ya que se suele morir como se ha vivido.

La didáctica de la vida nos ofrece una triple visión:

1. *Conocimiento personal*: los griegos predicaban el «conócete a ti mismo» como un principio inteligente. Hay que partir de él, tener bien cogidos los rasgos sustanciales de uno mismo: aptitudes, limitaciones, holguras y fronteras.

2. *Visión global de la vida*: suma y compendio de las parcelas ineludibles que esta posee.

3. *Panorámica de la propia biografía*: como a vuela pluma, se nos ofrece una perspectiva que es paisaje afectivo, profesional y cultural.

Tríptico extenso que nos ayuda a saber a qué atenernos, y en el que se articulan los grandes temas, argumentos para vivir y morir. Cada uno de ellos nos abre paso hacia territorios de exploración íntima, secreta, que conviene ir desmenuzando, pero sin pasarse en lo exhaustivo del análisis.

Vidas ejemplares

La vida personal es la que cada sujeto lleva hacia delante, luchando a brazo partido con las inclemencias, las dificultades y los mil avatares que inciden sobre ella. *Llegar a ser uno mismo es una tarea hermosa cuando se van viendo los resultados, pero al principio todo se hace costoso, difícil, intransitable.* Sobre todo cuando uno requiere esforzarse por mantener la coherencia.

La invitación a que el ser humano y lo que es su vida personal se degraden es hoy día una constante. Desde los más diversos ángulos se nos convoca a dejar de ser nosotros mismos, a transigir y rebajarnos de nivel. Es un síntoma más de esta *sociedad neurótica* que ha hecho de la permisividad y del relativismo una religión.

Pero, a pesar de ello, hay que aspirar a la excelencia. Pretender lo mejor. Porque siempre existirán en una sociedad como esta, tan completa en sus mecanismos y tan variada en su tejido conjuntivo, vidas ejemplares, coherentes, rotundas, llenas de sentido, en las cuales las contradicciones flagrantes han pasado a tercer o cuarto lugar. La existencia precede a la esencia. Antes la vida que cualquier otra consideración. Pero es menester tener previamente un modelo de identidad y un programa abierto y elástico de lo que uno quiere ir haciendo consigo mismo.

Cuando se ven tantas vidas vacías, desorientadas, sin alma, tirando de aquí para allá sin conocer su rumbo, es bueno sumergirse en aquellas otras llenas de fuerza, pletóricas, con un sentido profundo, conducidas por un personaje que sale airoso de las más diversas embestidas, firme en sus propósitos y que no cede en sus principios.

El envilecimiento del individuo puede darse en los más variados escenarios, desde un campo de concentración hasta los programas basura de una televisión sin criterio, pasando por la imposición de modas huecas que conducen al vacío más desolador. No dejarse manipular es una cuestión de empeño personal por salirse del surco diseñado por muchos medios de comunicación, que solo quieren que sus afiliados se distraigan, lo pasen bien, no piensen y se aburguesen como una piara, para ser conducida y tiranizada hacia la mediocridad.

El hombre superior lleva en su macuto andariego prin-

cipalmente tres cosas: la voluntad de ser coherente, la valentía para ir en contra de la corriente y la humanidad para ver siempre en el otro a alguien de quien ocuparse.

En *Ensayo sobre la ceguera*, dice José Saramago: «La gran ceguera del hombre actual es la de la razón». Y yo añadiría que, si no tenemos el más mínimo respeto por el otro, entonces el enemigo se irá hospedando dentro de nosotros y terminaremos por convertirnos en animales. Y en una nueva edición de los *Aforismos de Confucio* puede leerse: «El duque Ai preguntó: ¿qué debo hacer para ganar el respeto al pueblo? Confucio le respondió: eleva a los rectos y colócalos por encima de los corruptos. Lo primero es una moral sólida; luego, las maneras».

La *forma suprema de creación* es una vida personal ejemplar, rebosante, intensa, recorrida por argumentos sólidos y presidida por el amor. Un hombre así está siempre ardiendo. Quema y da calor. Es una luz encendida que ilumina a una muchedumbre entera, que anda perdida de aquí para allá, buscando modelos, referentes y patrones de conducta auténticos. Yo soy un gran amante de las biografías de personajes con mensajes exportables, universales, que le despiertan a uno de sus estados letárgicos y le empujan a plantearse las cosas de otro modo, aunque eso sea impopular, no se lleve y esté en contra de lo que anuncian a coro la televisión y sus adláteres.

La vida de cada uno es un arte entre posibilidades y realidades, entre el talento y la voluntad de no darse por vencido. Cuando el proyecto personal es atractivo, positivo, esperanzador y capaz de incluir en su seno una porción de humanidad, es difícil abandonar y venirse abajo. Fuertes en la adversidad. Sólidos en la dificultad. Alegres al tener las ideas claras y la mirada puesta en la meta.

En un libro como este, sobre la ilusión, nada mejor que fijarse en vidas sólidas, cuyos armazones y fundamentos están bien edificados. Hoy, los medios de comunicación mayoritariamente nos muestran vidas vacías, huecas, con escaso atractivo si las miramos con cierto ojo crítico.

No se puede vivir sin ilusión. No es posible. Es el aroma que debe envolver el proyecto de cada uno. Una especie de clima interior, mezcla de alegría y mirada puesta en el futuro. El mapa del mundo propio dilata sus fronteras. La persona se hace así pórtico y colofón de entusiasmos. Es la hora de lanzarse a la aventura de uno mismo.[1]

Saber vivir para saber morir

Toda la filosofía nace a orillas de la muerte. La muerte está ausente de los debates intelectuales y solo es estudiada y escrutada por pequeños grupos de escaso relieve. La negación neurótica de la muerte de estos últimos años en Occidente pone de manifiesto la falta de sentido de muchas vidas. Hemos pasado del *pensamiento existencialista* sólido y compacto de Heidegger, Sartre, Camus, Marcel, Kierkegaard o Unamuno, entre otros, al denominado *pensamiento débil* de Vattimo o a lo que Alain Finkielkraut ha llamado *la de-*

1. *Casi todo lo humano está en la infancia*. Cuando esa etapa ha sido feliz, sana, llena de afecto y bien enfocada, uno sale fuerte para todo.

rrota del pensamiento y yo, *la vida light*: una travesía hacia lo liviano, epidérmico y superficial.

No pensar en la muerte ni hablar de ella: ese es el remedio, mísero, chato e inconsciente. Y esto que afirmo no es una frase más o menos dura, sino el enunciado de una realidad concreta. *Una cultura que vive de espaldas a la muerte pierde densidad* y, sobre todo, escamotea una de las dimensiones esenciales de la vida humana. Como dice Jean Guiton en su libro *Silencio sobre lo esencial*, hablamos una y otra vez de lo trivial y accesorio y obviamos adentrarnos en el verdadero amazonas del corazón de la existencia.

Hay dos preguntas decisivas que todos debemos hacernos y a las que hemos de buscar una respuesta adecuada, convincente, plena, capaz de dejarnos tranquilos y con una visión positiva. Estas preguntas son: *¿quién soy yo?*, por una parte, y *¿qué sentido tiene mi vida?* La primera remite a mi personalidad: necesito ir troquelándola, trabajando su estructura interna mediante una especie de labor de orfebrería *to find yourself*, como dirían los anglosajones con expresión fuerte y rotunda: para *encontrarme a mí mismo* y dar con un modelo de identidad que me facilite la relación conmigo mismo y con los demás. La segunda pregunta[2] va directamente al núcleo de la cuestión: *saber para qué se vive y para qué se muere*: ignorarlo es demasiada omisión. Y esta ceremonia del desconocimiento se

2. Aquí hay dos notas: *el proyecto de vida* y *el sistema de creencias*.

alienta y fortalece en los medios de comunicación social, pues da la impresión de que existe un entendimiento tácito: *hay que trivializarlo todo para que el hombre se divierta, se relaje, lo pase bien y se olvide de lo demás*... menos de la omnipresente política, de la cual recogemos información milimétrica a todas horas. Atiborrar al hombre con una lluvia incesante de noticias de aquí y de allá, de este signo y del contrario, da lugar a una *información no formativa*, una colección de hechos y sucesos que no aportan nada positivo, ni hacen al hombre más maduro, ni más comprensivo ni más humano. Esto va provocando de forma gradual y progresiva una *indiferencia por saturación*.

Pero hay que insistir: *la vida diaria sigue siendo la gran cuestión*. Lo específico del día a día no es nunca trivial, ni debe pasar inadvertido ni se puede descuidar. Me niego a lamentarme de todo y engrosar así el coro de plañideras. Prefiero contribuir con mi modesta aportación, llamando la atención sobre el tema de la muerte, siendo capaz de mirar hacia ella, sin repulsa ni ansiedad. Vivimos en una época confusa en la que los conceptos más importantes tienden a ser falsificados por un uso inadecuado y ligero de ellos.

Llamar a las cosas por su nombre

En el *Cántico* de Confucio, el señor de Wei le pregunta al sabio cuál sería la primera reforma que llevaría a cabo si llegara al poder, y este le responde: «Llamar a las cosas por su nombre», tener la valentía de no desvirtuar el sentido de los conceptos más decisivos, como el amor, la libertad, la sexualidad, la muerte...

Hay que aspirar a sacarle el máximo partido a la vida, todo lo bueno, grande y positivo que lleva dentro: eso es para mí la felicidad,[3] que sigue constituyendo la meta del hombre. Esta es su vocación, su tendencia, su inclinación natural. Y para alcanzarla hemos de hacer frente a dos cuestiones antes mencionadas: la *personalidad* y lo que yo llamo el *proyecto de vida*. La primera va a la búsqueda de un cierto equilibrio psicológico, que se produce en el encuentro de dos variables, una privada y otra pública: llevarse bien consigo mismo y llevarse bien con los demás. La segunda habla de coherencia para programar la trayectoria de cada uno, porque la vida no se improvisa, sino que se diseña y se vertebra hacia delante. Este proyecto debe estar compuesto de cuatro argumentos: *personalidad, amor, trabajo y cultura*. Dicho de otro modo, la felicidad se apoya en una *tetralogía* que alberga el estilo personal de ser, la vida afectiva, el trabajo profesional y la cultura como telón de fondo.

En mi libro *Una teoría de la felicidad* expongo con más detalle estas ideas: para atreverse a ser feliz hay que buscar

3. La felicidad es suma y compendio de lo que uno ha ido haciendo con su vida. Arquitectura interior con permanente necesidad de ser restaurada. Cuando miramos hacia atrás debemos perdonarnos tantas cosas que no han salido y otras que se han quedado a medio camino. *La vida del hombre es por esencia deficitaria*. Por eso lo mejor es que el corazón esté ardiendo y la cabeza esté lúcida, serena, abierta de par en par hacia todo lo valioso que nos sale al encuentro.

lo mejor, es decir, lo más humano y lo más espiritual a lo que el hombre puede aspirar. Y en el ruido y clamor de la modernidad falta claridad sobre todo esto. Hay como una especie de neblina, difusa, etérea y envolvente que no deja ver. Porque *a lo sencillo se tarda tiempo en llegar.*

Que la vida y la muerte tengan sentido

La palabra *sentido* podemos contemplarla desde tres ángulos distintos y, a la vez, complementarios:

1. Sentido es *dirección*: la vida es como un viaje, se va de un sitio a otro, hacia una meta por determinados medios; lo importante es saber a dónde uno se encamina.
2. Sentido es *contenido*: los argumentos existenciales son fundamentales, y el vacío interior es la peor de las carencias.
3. Sentido es *estructura*: hay que pretender que la vida tenga en su seno el menor número de contradicciones posibles.

Una dolencia grave del hombre actual es, precisamente, no saber a qué atenerse, no tener unos criterios firmes de conducta, claros, coherentes, atractivos, humanos y espirituales a la vez. Porque pueden existir ideas con cierta firmeza, pero erróneas, falsas. Pensemos lo que sucede en algunos casos con la ética moderna, tejida de *hedonismo y permisividad.* Uno puede encontrarse a gusto con ella, pero si no cambia su rumbo, irá cayendo progresivamente en sus dos hijos más inmediatos: *el consumismo y la permisividad.* Un comportamiento sin referente ni remitente es propio de un hombre reducido a cosa, a objeto, que vive sin norte y sin brújula.

Hoy se ha producido un importante cambio en los acentos y las preocupaciones del hombre contemporáneo, de tal manera que lo *periférico* se ha convertido en *epicéntrico*, lo *epidérmico* en *medular*, lo *adjetivo* en *sustantivo* y lo *accidental* en *sustancial.* Este es mi diagnóstico. Y este estado de la cuestión se vertebra después en diferentes planos de la vida y la realidad.

Si la vida es un arte, la muerte es su colofón. En el estilo y la forma de encarar la vida queda la persona retratada, dejando ver a qué ideas se aferra, qué conceptos defiende. Porque la muerte vendrá inexorable, y aunque no pensemos en ella se aproxima con el paso del tiempo. Generalmente solo nos ponemos a pensar seriamente en ella cuando se produce la muerte anunciada o la pérdida inesperada, traumática y sin previo aviso, de alguien muy cercano. Otros —los menos— sí lo hacen con alguna frecuencia y cuentan con ella: gente de fe religiosa, firme, seria, coherente y bien estructurada. Pero lo cierto es que la mayoría vive de espaldas a ella, como si no existiera.

Hace un tiempo tuve que asistir a una enferma mía, afectada de una fuerte depresión, en su casa, impedida a causa de una fractura de cadera. Tenía, además, una enfermedad cancerosa de evolución larga, penosa y múltiple; era una pura llaga en toda la extensión de su cuerpo. Pero ella veía en todo la voluntad de Dios y su amor por ella. Hablamos de su vida y de su muerte, y me dijo: «Todo lo he puesto en manos de Dios..., quiero morirme, pero quiero hacerlo cuando Él quiera, como Él quiera..., pero ojalá fuera hoy mismo. He vivido para Él, y a pesar de mis errores y fallos hemos tenido un trato estrecho; muchas veces me he rebelado, le he gritado, maldecido, he llorado ante tantos zarandeos como mi vida ha tenido..., pero he ido aceptando, comprendiendo y ahora veo claro lo que Él quería de mí».

Ese día yo aprendí una gran lección: la solidez de las creencias engarzadas en la vida ordinaria son la mejor respuesta para nuestras dudas y titubeos. Lo que no me han enseñado los libros, me lo han enseñado mis enfermos y mis alumnos.

Un balance existencial: el haber y el debe

Aristóteles distinguía dos formas de entender la realidad: *per se*, que capta lo esencial, lo sustantivo, y *per accidens*, que trata de lo accesorio y secundario. Hay una zona intermedia entre las dos: lo *propium*, aquello que ni es esencial ni accidental, y ahí nos encontramos con la forma de ser, la trayectoria personal, las ilusiones, las derrotas y los triunfos, los traumas de vida, las distintas etapas.

Tanto el hombre como el animal morirán, pero para el primero *la muerte es propia, personal, biográfica*. Dicho en otros términos más rotundos: *el hombre muere; el animal termina*. Decía el escritor Jorge Luis Borges que «la muerte es un uso que tarde o temprano todos debemos respetar». Y el mismo Cioran en su *Libro sobre la desespera-*

ción comenta: «La muerte es lo más firme y seguro que se ha inventado hasta ahora en la vida».

En Occidente se habla últimamente de *la crisis de los cincuenta años*, que consiste en un *balance existencial* que puede hacerse de forma inesperada o inconsciente, o por exigencias del propio guión biográfico que invita a entrar en esa dirección. Se apunta, entonces, en el *debe* y el *haber*, y en ese análisis se barajan partidas muy distintas. *Echar cuentas con uno mismo es siempre un proceso doloroso*, porque, como decía antes, *el hombre es un animal descontento*. ¡Cuántas cosas han quedado por hacer y otras, que se han empezado, por distintas causas no han sido terminadas o no han llegado a buen puerto!

Es en las llamadas por los existencialistas *situaciones límite* cuando *la vida da razón de sí misma* y aparece como una flecha que se dirige hacia la muerte. Se hace imposible eludirla en tales casos; pasa de ser la *gran ausente* a la *gran presente*. En sus *Pensamientos* Pascal decía: «Por muy bella que haya venido siendo la comedia, el último acto será siempre sangriento». El carácter cierto y terminante de la muerte —realidad última, decisiva e intransferible— hace que antes o después nos tomemos este tema en serio. La vida tiene un sentido vectorial limitado que se acaba. No podemos perder de vista que en el presente se alojan también el pasado y el futuro, de ahí que el balance existencial no pueda agotarse definitivamente, pues el porvenir está ahí, cercano, a la espera, repleto de ilusiones y tensiones. El drama del hombres es que él mismo es un *misterio* que hay que desvelar y una promesa a la que es menester ponerle alas y realismo.

Decía Spinoza que la filosofía es *meditatio mortis*. El ajetreo de la vida diaria y sus vaivenes nos distraen de ella. La psicología y la psiquiatría no están en el mundo para hacer juegos malabares en torno a la conducta, ni para ensayar comportamientos de salón, sino para comprender las reacciones últimas del ser humano y encontrar vaguadas por las que discurrir de forma normal, sana, sin ansiedades. *No somos juglares de la vida psíquica, sino artesanos y orfebres que ayudamos a los modos y maneras de vivir.*

La palabra *escatología* es un término compuesto de *eschata* («últimas cosas») y *logos* («tratado, discurso o estudio»). Desde finales del siglo XVII esta disciplina trata de explicar las últimas realidades de la existencia, desde dos prismas: la escatología *individual* y la *colectiva*. Una es propia y otra, general. La muerte emerge como un fuego que lo devora todo, que lo funde todo, menos lo que esté hecho de un metal sólido.

Cuando tiene lugar la visita de la muerte a alguien muy próximo, la vida se plantea de otra manera y cobra entonces matices nuevos. Las preguntas, entonces, se suceden una tras otra, con más tino y certeza. Dejando a un lado aquellas afirmaciones nihilistas, como la de Jean-Paul Sartre, «el hombre es una pasión inútil», o la de Nietzsche, «el hombre es una enfermedad», me quedo con Pascal, cuando afirma: «El hombre es un animal que sabe que va a morir», lo que le otorga una cierta superioridad con respecto al final. Pero, sobre todo, en tales circunstancias se puede decir que *el hombre es un animal que es capaz de interrogarse sobre sí mismo, cosa que no le ocurre a ningún otro*. De ahí deriva *el carácter patético de la condición humana*, que nunca está totalmente segura de su andadura y que siempre puede sufrir giros copernicanos que den al traste con una posición más o menos firme.

La visión de la muerte para el cristiano

Las raíces de Europa, el viejo continente que ha pilotado casi todo el progreso de la humanidad, se encuentran en Grecia (el pensamiento y la filosofía), Roma (el derecho y las leyes), el cristianismo (su nueva concepción del hombre) y el mundo judío (el amor a las tradiciones, la familia, y toda una serie de códigos de conducta inspirados en sentencias, proverbios y libros sabios como el Zohar o el Talmud). La llegada del cristianismo supone una innovación sin precedentes en la historia de la humanidad.[4] Yendo hacia atrás en la historia, hay que recordar que en la cultura egipcia la muerte determinaba la vida de los hombres; se consideraba una obligación importante ir preparando la propia tumba: «Haz hermosa tu mansión en Occidente y engrandece tu morada en la ciudad de los muertos», dice un consejo de Mericaré. Pero no todos los ciudadanos podían construirse pirámides, mastabas o sepulcros. En Grecia, por su parte, la muerte era temida. Aquiles decía que prefería ser siervo

4. También incluiría aquí el Renacimiento, ya que en este periodo nace la burguesía, los nuevos conceptos sobre la libertad y el amor a la estética. Se atraviesa la barrera de lo *antropocéntrico* y se pasa la página de lo *teocéntrico*.

de la gleba a rey sobre los muertos. Y en *Edipo rey* un coro canta: «Quien desea larga vida, locura alberga en el corazón». Jesucristo enseña que la resurrección de los muertos llegará, doctrina —a la que se oponían los saduceos— ya contenida en el *Libro de la sabiduría*.

Pero la novedad más original del cristianismo es la concepción de la muerte como principio de la vida eterna, en la cual Dios tiene preparadas a quienes le aman cosas que ni el ojo vio, ni el oído oyó ni la inteligencia imaginó. Se distinguen la muerte *como pecado* y la muerte *como final*: la primera es esencial, aunque hoy para algunos está olvidada; la segunda pierde su dramatismo ante un Dios que es amor y nos ama y nos perdona.

De esta manera se disuelve la ansiedad ante la muerte, el miedo al paso fronterizo, la travesía hacia lo desconocido, la sorpresa e interrogante ante el más allá. «Yo he venido para que tengan vida y la tengan abundante», sentencia Jesús, y añade: «Yo soy la resurrección y la vida». O también: «Yo soy el camino, la verdad y la vida».

Como broche de cierre hay una cita del *Libro de la sabiduría* que no quiero dejar en el tintero:

... la preferí a los cetros y a los tronos
y en comparación con ella tuve en nada la riqueza. No la comparé a las piezas preciosas
porque todo el oro ante ella es un grano de arena
y como el barro es la plata ante ella. La amé más que a la salud y a la hermosura
y antepuse a la luz su posesión
porque el resplandor que de ella brota no tiene descanso.

capítulo dos

El amor en la historia del pensamiento

El amor en el pensamiento antiguo

Sería interminable hacer una relación de lo que han dicho los principales filósofos y pensadores de todos los tiempos a propósito del tema del amor; por ello, haremos un breve recorrido por algunos autores que nos parecen particularmente relevantes.

En las tres grandes figuras del pensamiento griego —Sócrates, Platón y Aristóteles— encontramos muchas y agudas observaciones sobre el amor. En alguna medida, somos todavía hoy hijos de sus ideas.

Como se sabe, Sócrates no escribió nada. La reconstrucción de su pensamiento debe hacerse partiendo de los testimonios de sus discípulos (Platón y Aristóteles) y otros intelectuales de su tiempo que le conocieron (Aristófanes en su obra *Las nubes* habla de él con detalle; Je-

1. Resumen y actualización del ciclo de conferencias pronunciadas en el Teatro Avenida, Buenos Aires, del 3 al 9-XI-1997.

nofonte en sus *Dichos memorables de Sócrates* nos transmite buena parte de sus concepciones sobre el hombre). Sócrates fue un educador de la juventud ateniense; su interés radicaba en enseñar a los hombres a conocerse a sí mismos. Para él lo más excelente es el amor a la virtud, en tanto que conduce a obrar bien y a alcanzar el autodominio, es decir, el camino para conseguir la libertad interior. Propugnó la consecución de la felicidad sin los bienes terrenos: «Si el no tener ninguna necesidad es cosa divina, el tener las menos posibles es la cosa que más se aproxima a la divinidad».

Platón era ateniense. Este no era su nombre verdadero, sino su apodo, que significaba «ancho de espaldas». Sus ascendientes familiares eran gobernantes y legisladores. A los veinte años entró en contacto con Sócrates, quien le produjo un gran impacto. Desde entonces fue su mejor discípulo. Ya en su juventud compuso algunas obras dedicadas a los temas centrales de la vida humana, como son: *Laques* o el valor, *Lisias* o la amistad y, más tardíos, *Protágoras* o la virtud, *Georgias* o la retórica dialéctica, *El banquete* o el amor, *Fedro* o la belleza y *La república* o la justicia.

Para Platón el amor es ante todo insuficiencia y necesidad, deseo de conquistar y conservar. Este se dirige hacia la belleza, que no es otra cosa que anuncio y apariencia del bien. «Amar es querer el bien para alguien.» De otro lado, el pensamiento platónico culmina con la idea de que *el amor es deseo de vencer a la muerte*, ya que hasta en los animales está inscrita la tendencia a la fusión y su consecuencia: la procreación. Para él hay tantas formas de amor como formas de belleza: de la belleza sensible y material hasta el amor a la sabiduría, que es la más alta de todas.

Las obras de Platón relatan los *diálogos* que sostuvo muchas veces con su maestro; en cada uno hay un tema dominante, lo que no impide que vayan apareciendo otros colaterales en el curso del debate. El proceso de maduración humana se plantea como una continua y gradual ascensión intelectual: de las sombras del mundo sensible a la luz de las ideas puras. La esencia del amor reside en el bien y la belleza. *El amor es el deseo de engendrar en la belleza.* En *El banquete* se esfuerza por demostrar que «el amor perfecto se manifiesta en el deseo del bien». «El amor es como una locura... un dios poderoso... que lleva el conocimiento: (...) el amor es hijo de la pobreza y de la riqueza; es una oscilación entre el poseer y el no poseer, entre el tener y el no tener (...). Los amores a las cosas particulares y a los seres humanos no son sino reflejos, participaciones, del *amor a la belleza absoluta.*»[2] Concibe, pues, el amor como impulso hacia la belleza, el bien, la sabiduría, hacia la felicidad y lo absoluto.[3]

Aristóteles era descendiente de la aristocracia griega. Su padre, Nicómaco, era médico. Pronto marchó a Atenas a estudiar en la escuela de Platón, y permaneció a su lado hasta que murió. Después quedó al frente de la misma un

---

2. El subrayado es mío.

3. Este es el argumento de *El banquete.* Véase la obra de L. Robin, *La théorie platonnique de l'amour*, París, 1964, en la que se estudian más detalladamente estos aspectos.

sobrino suyo, y Aristóteles se trasladó a Asia Menor. Tiempo después volvió a Atenas, donde fundó su propia escuela junto al templo de Apolo. Impartía sus lecciones paseando, de ahí el nombre de escuela «peripatética».

El pensamiento aristotélico asegura que toda la conducta humana tiene un fin, el amor, y que este significa «querer el bien para alguien». ¿Qué es el bien? —esta es una de las grandes cuestiones que Aristóteles se plantea—: «El bien es aquello a lo que todas las cosas tienden... aquello que aspira a su cumplimiento... *el proceso mediante el cual una cosa alcanza su forma perfecta*, ya que cada cosa se desarrolla en dirección a un punto culminante». En la concepción aristotélica del amor se establece una tensión entre el mundo afectivo y el deseo: nadie es invadido por el amor si antes no ha recibido el estímulo exterior de la belleza, que conmueve. El amor se encuentra, al principio, ligado al placer, pero cuando madura convoca a la voluntad con el deseo de amistad. Su interpretación última del amor tiene un sentido trascendente, ya que este se constituye en camino y preparación para acercarse a Dios. Así llegará a su concepto de la felicidad. La felicidad es la consecución de lo mejor, del bien propio del hombre, que debe tener cuatro características: ser perfecto, suficiente, absolutamente preferido a lo demás y con un carácter individual.

El pensamiento cristiano transforma la noción del amor en dos sentidos distintos, pero complementarios. Por una parte, amar a Dios, y por otra, transformar a los hombres en hermanos: «Amaos los unos a los otros», porque «no hay amor mayor que el que da la vida por sus amigos». Las afirmaciones rotundas y hasta ese momento insólitas hablan incluso de «amad a vuestros enemigos y haced el bien a los que os odian».

San Pablo traza una magistral descripción del amor en la *Epístola a los corintios*: «... el amor es paciente, es bondadoso, no tiene envidia, no es jactancioso, no es engreído, no es descortés, no es interesado, no se irrita, no toma en cuenta el mal, no se alegra de la injusticia, se alegra de la verdad. Todo lo excusa, todo lo cree, todo lo espera, todo lo tolera. El amor no pasa jamás». En una palabra, amar a Dios significa amar al prójimo, porque el amor a Dios es inseparable del amor al prójimo.

Algunas concepciones medievales del amor

Los representantes más relevantes de este período histórico son san Agustín, los llamados «místicos» del siglo XII y santo Tomás de Aquino.

Dice san Agustín: «No se entra en la verdad sino por la caridad». Su punto de partida intelectual es platónico, pero asomándose paulatinamente al interior del hombre. Se ha dicho con frase afortunada que es *el primer moderno*. Hijo de aquella África romanizada, penetrada de cultura grecorromana, convertida desde hacía mucho tiempo en provincia imperial. Sus *Confesiones* son el primer intento filosófico de aproximación del hombre hacia sí mismo, para captar su realidad más íntima en movimiento. Hasta el siglo XVII, con el idealismo, no se alcanzarán cotas parecidas. San Agustín puede considerarse, así, el maestro de Occidente.

Para el pensamiento agustiniano el amor es el alma de la vida ética: es su fin y su meta. Y coincide con la felicidad. Su célebre afirmación «ama y haz lo que quieras» está repleta de este significado. Nuestra vida es amor y anhelo —*vita nostra dilectio est*— y su objetivo final es la plenitud del amor. Pero ¿cómo entiende él que debe ser el amor? Para san Agustín el amor es el arma más poderosa del ser humano, que lleva a querer y a volcar toda la voluntad en esa dirección: *Ex amore suo quisque vivit, sine bene sine male* («todos viven de su amor, hacia el bien o hacia el mal»). Pero el amor tiene que estar ordenado para que lleve a la paz del corazón: *virtus est ordo amoris* («la virtud es el orden en el amor»). La novedad consiste en poner de manifiesto que el amor es un acto de la voluntad[4] mediante el cual todo el hombre se dirige hacia el bien, pero no de una manera natural, ni instintiva, sino mediante un esfuerzo de repetidos actos que pretenden mejorar y aquilatar sus características. El amor mueve la voluntad hacia el bien: la inclina hacia lo mejor. Por eso *el amor ayuda a descubrir los valores humanos*, muchos de los cuales habían permanecido ocultos hasta ese momento.[5]

---

4. Esto tendrá una gran importancia a la hora de entrar en el tema del amor conyugal. El amor basado en el puro sentimiento, sin otras notas añadidas, va a encontrar serias dificultades para perseverar.

5. Hay dos observaciones del pensamiento agustiniano que no quisiera pasar por alto: *omne ens est bonum* (todo lo que tiene ser es bueno) y *bo-*

Quizá la nota más interesante que ahora conviene destacar es que *el amor es, además, un acto de la voluntad.*

Entre los «místicos» del siglo XII hay que hablar fundamentalmente de san Bernardo y Hugo de San Víctor. Para el primero, el camino que conduce al amor es la humildad, a cuya cumbre se llega en un esfuerzo gradual cuyo primer paso es el reconocimiento de la propia miseria... Desde ella van a surgir los sentimientos de compasión: el hombre se vacía de sí mismo y se vuelca en los demás. Para el segundo, el amor se alcanza a través de la contemplación, que es un camino de sabiduría donde el hombre se conoce a sí mismo y al mundo que le rodea.

Pero el gran personaje medieval es santo Tomás de Aquino. En su *Libro para principiantes* nos dice que el amante lo único que desea es que aquello que ama viva, exista. Mientras en san Agustín predomina el «orden del corazón», en santo Tomás prevalece «el orden de la razón». Con él culmina todo el pensamiento griego, en un serio intento de comprender intelectualmente los fines naturales del hombre. El destino de este es la felicidad, que se consigue mediante las virtudes naturales (humanas), «pero ninguna virtud es verdadera sin amor»: hábitos repetidos de obrar bien.[6]

---

num omnis boni (para el hombre bueno, todo es bueno). Una y otra se comentan por sí mismas.

6. Santo Tomás entiende la felicidad desde dos planos: *objetivo* (el bien más alto posible, sin restricciones de ningún tipo, capaz de saciar todas las ansias que hay en el hombre) y *subjetivo* (la posesión interior de ese bien que llena por completo). Esta idea entronca con Boecio, cuando define la

Para santo Tomás son tres las causas del amor: el bien, el conocimiento y la semejanza. El bien es causa y efecto del amor; en un lenguaje más moderno podríamos decir que es su motivo. El amor siempre se dirige hacia un bien real o aparente. En segundo lugar, nada se puede querer si antes no se conoce (ya sea este parcial, confuso, abstracto...). En tercer lugar, la semejanza lleva al amor de comunión (amistad) o el amor de dominio (concupiscencia).

El amor cortés

El Renacimiento es aquel movimiento histórico que sigue a la Edad Media y que significa una vuelta a la antigüedad clásica grecolatina, basada en la valoración del mundo y del hombre. Sus figuras se proyectan hacia nosotros con fuerza, ya que han logrado penetrar su mirada en el interior del hombre buscando una respuesta armónica a las preguntas de siempre: ¿qué es el hombre?, ¿cuáles son sus principales características?, ¿de qué es capaz?, ¿cuál es su destino? El Renacimiento descubre que *el hombre es libertad*, capacidad para dominar el mundo exterior y la naturaleza; el hombre se ve como «simiente de todas las posibilidades», casi un dios con minúscula, que busca un estado divino. El humanismo renacentista trabajará a lo largo de dos

felicidad como «aquel estado perfecto constituido por la suma de todos los bienes»; y llega a decir más: *possesio boni, tota, simul et perfecta* («la posesión completa, simultánea y perfecta del bien»).

siglos por transmitir unos nuevos ideales a través de Lorenzo Valla, Marsilio Ficino, Poliziano, Pico de la Mirándola, Pomponazzi, Baltasar de Castiglione y Francesco Guicciardini en Italia; Montaigne, Erasmo de Rotterdam, Tomás Moro y Luis Vives en el resto de Europa. La huella de muchos de ellos se prolonga hasta nuestros días.

¿Cómo se entiende el amor en esta época? Para adentrarnos en este tema es importante remontarnos al siglo XII, momento en el que se desarrolla el *amor cortesano*, inspirado en la poesía de los trovadores y surcado a su vez por la mística árabe y cristiana. Es bien conocida la frase de Charles Seignobos: «El amor es una invención del siglo XII». El mundo poético aparece en el sur de Francia (lo que hoy es el Languedoc) para extenderse después por todo el continente. Esta forma de entrar en el mundo sentimental no se parece nada a la del mundo antiguo ni a la del mundo cristianizado, sobre todo en lo que concierne a la poesía creada por los clérigos.

El amor cortés es de formas refinadas y precisas: su fundamento es la cortesía, esto es, la utilización de modales señoriales. Los poetas de este tiempo transforman la manera de sentir y, por tanto, las costumbres y los usos sentimentales.[7] Los trovadores son inventores y compositores

7. Ya desde finales del siglo XI proliferan algunos movimientos religiosos de tonalidad heterodoxa en Italia, Flandes, en la Alemania renana y en algunas zonas de Francia. Se hace una crítica muy severa al matrimonio, pensando en las dificultades que entraña por una cierta tiranía feudal del mismo. Como exponente histórico de relieve debemos destacar una herejía que se hizo célebre: el *catarismo*, de procedencia armenia, que echará sus

de leyendas y poesías que expresan el amor y la figura de la mujer; cultivan el matrimonio de sentimientos, no el de razón.

El gran descubrimiento de esta época histórica es la observación de cómo el lenguaje es capaz de transformar los impulsos más elementales del ser humano en sentimientos nobles, de entrega y donación. Un representante cualificado es el poeta bretón Pedro Abelardo, que pone en primer plano su concepción del *amor-pasión*: presa de dificultades, que solo responde a los criterios del corazón y que desdeña radicalmente la participación de la esfera intelectual.

En el amor cortés existe una conexión entre el amor y la proeza caballeresca; la bravura y el espíritu guerrero y

---

raíces entre los artesanos del Midi francés. Su teoría: predicar la abstención de las relaciones sexuales procreadoras en una exaltación negativa del matrimonio. Con estos antecedentes tumultuosos va a prosperar el *amor cortés*.

Una obra de gran influjo en el siglo XI es *El collar de la paloma*, escrito por el poeta musulmán Ibn Hazm de Córdoba, que es un excelente tratado sobre el amor y la amistad, nacido de la civilización musulmana que vivió en tierras españolas durante un largo período. En una de sus primeras partes se habla de la esencia del amor: «El amor empieza de burlas y acaba en veras, y son sus sentidos tan sutiles que no pueden ser declarados sino tras largo empeño (...); el verdadero amor, basado en la atracción irresistible, se adueña del alma y no puede desaparecer sino con la muerte». Y a continuación el poeta nos relata cuáles son sus ingredientes: «... la preocupación, la turbación, la obsesión, la mudanza de los instintos innatos y el cambio espontáneo del modo de ser, la extenuación, los suspiros y las demás pruebas de pesar que acompañan al amor irresistible. Todo esto confirma la idea de que este auténtico amor es una elección espiritual y una fusión de las almas».

luchador eran condiciones esenciales para ser amado. La valentía masculina suscitaba el amor de las mujeres. En los relatos se daban una serie de constantes que pueden resumirse del siguiente modo: la dama suele ser una mujer prometida más poderosa que él; uno de sus atractivos, precisamente, es la posición social que ocupa. Posee la belleza del poder, la cual le otorga nobleza y poderío. Las obras más representativas nos ofrecen escenas y situaciones de esta naturaleza: *Tristán e Isolda,* de Thomas; *Le chevalier de la Charrette,* de Chrétien de Troyes; *La mort du roi Arthur* o *Lancelot en prose,* entre otras. Nacen así los grandes amores: Tristán e Isolda, Lanzarote y la reina Ginebra... Se produce una seducción extraordinaria que obliga a renunciar a la gloria y al poder para llegar a ese amor grande y definitivo. Es frecuente que la amada tenga que abandonar el castillo y la vida en palacio con todas sus aficiones. *Se prefiere la pasión que se nutre de obstáculos, reveses y desventuras que un amor sin barreras.* La mujer se decide a amar después de haber sometido al caballero a algunas pruebas de valentía.

El amor cortés es una ofrenda en homenaje a la mujer. Puede estar representado por *Laura*, *Beatriz* o *Julieta*. Los hombres de esta época *sublimaron a la mujer* y con ello elevaron el amor al máximo nivel posible; de tal modo que ya el amor no es solo una pasión que empuja y arrastra hacia la persona amada, sino también, y sobre todo, una *tendencia capaz de ennoblecer.*

El amor cortés es un sentimiento adolescente, todavía puro, limpio, sencillo, auténtico, no sofisticado e íntegro. Una especie de religión del amor. Hoy tiene escasa vigencia y en los tiempos que corren es infrecuente. Pero hay que subrayar que en el fondo de todo amor verdadero, entre los movimientos de esa pasión, late este amor purificador, libre y profundo, no mixtificado ni atravesado de conveniencias. Es la alegría de amar a otra persona en profundidad, comprometiendo la propia vida con todas sus consecuencias. El amor se convierte así en plenitud afectiva que conduce a la libertad.

El marqués de Santillana lo expresa así:

Moça tan fermosa
non vi en la frontera,
como una vaquera
de la Finojosa.

En un verde prado
de rosas e flores,
guardando ganado
con otros pastores,
la vi tan graciosa
que apenas creyera
que fuese vaquera
de la Finojosa.

Non creo las rosas
de la primavera
sea tan fermosas
nin de tal manera,
fablando sin glosa,
si antes sopiera

d'aquella vaquera
de la Finojosa.

Por otra parte, este mismo autor escribió *Infierno de los enamorados* para explicar las desventuras del amor no correspondido.

El amor gentil o caballeresco

El mito del amor-pasión va a surgir, de este modo, con enorme pujanza, y lo hará de la mano de la leyenda de *Tristán e Isolda*, en la que podemos encontrar todos los elementos de la revolución cortesana. Tristán vive para el amor de su amada, entregado a ella y persiguiendo a toda costa su posesión; pero va a tropezar con grandes dificultades: el vasallaje feudal, las intrigas, las separaciones a las que se ven sometidos y muy especialmente al obstáculo supremo, la muerte. *El amor-pasión lo sacrifica todo y lo deja todo por la persona amada.* Tristán renuncia a su rango en la corte, deja de ser fiel al rey, falta a su honor... y termina perdiendo su vida. Este recorrido es revelador: todo se sacrifica por la dama, todas las proezas son pocas comparadas con la meta. Se prefiere el amor a la verdad, a la fe e incluso a la salvación. Las grandes pasiones que convulsionan constituyen los mejores argumentos para vivir. Expresan la condición humana y sacralizan su contenido afectivo. El amor es el más importante de los asuntos, quizá el único realmente sólido.

Durante todo el siglo XIII impera la misma tónica amorosa, que culminará con el amor gentil en el siglo XIV.[8] La gran figura del *Trecento* es Dante, poeta del amor y de la muerte. *La Divina comedia* es el mejor símbolo poético de la Edad Media. Dante nació en Florencia. Huérfano desde temprana edad, aprendió pronto el arte de los trovadores. Estudió francés, latín y provenzal; fue un hombre de una amplísima cultura. *La Divina comedia* es un recorrido por el infierno, el purgatorio y el paraíso, acompañado del poeta Virgilio y de Beatriz, que le conducirá al paraíso. Beatriz representa la mujer ejemplar, el fin y la perfección del amor. Su tesis: la belleza de una mujer puede purificar al hombre y despertar en él sentimientos espirituales; por eso Beatriz es providencial, porque acerca a Dios:

Cose appariscon nello suo aspetto
che mostran de piacer del Paradiso,
dico negli occhi e nel suo dolce riso.

8. Ninguna otra literatura ha concedido tanta importancia a la mujer y a la pasión como la desplegada a lo largo del siglo XII y buena parte del XIII. Las grandes hazañas las realiza la pasión del hombre enamorado, al abrigo del *mester de juglaría*, por un lado, y del *mester de clerecía* (ya en el siglo XIII, y propio no solo de los clérigos, como se ha pensado en más de una ocasión, sino también de aquellas personas dedicadas al estudio y la composición poética), por otro. *Mester* es una palabra de procedencia latina: *ministerium* («menester u oficio»).

Los juglares eran errantes y deleitaban a las gentes en las plaza públicas o en los salones de los castillos; acompañándose de instrumentos musicales declamaban canciones populares y otras compuestas por trovadores. Tal es el caso de la *Chanson de Roland* y del *Cantar del Mío Cid* (escrito por un poeta anónimo de tierras de Medinaceli y copiado por un tal Pedro Abad al comienzo del siglo XIV).

Tanto en el amor cortés como en el gentil es esencial la distancia, porque esta se puebla de nostalgia, de imaginación y de un fondo de melancolía que es creativo y entusiasta. Se alcanza así una especie de exaltación del *amor lejano*, que va a culminar en la idea del *amor platónico*.

Hay una estrecha relación en la forma de entender el amor en el siglo XII y XIII (cortés) y en el XIV (gentil). Quizá la diferencia haya que establecerla en que esta segunda estirpe amorosa es más espiritual, se desarrolla y es capaz de vibrar en ausencia casi absoluta de la amada; bien podríamos hablar de un *amor de ausencia* que penetra por los intersticios de la psicología de la distancia, creando un clima sentimental cuyas alas son más que nunca el recuerdo y la imaginación.

Va a nacer así otra modalidad amorosa: el *amor caballeresco*. Surge de la unión del cristianismo con otras corrientes espirituales como la poesía árabe, un cierto fondo platónico que empieza a insinuarse y el lenguaje de las heroínas de Virgilio y Ovidio. La poesía de los trovadores se desplazó hacia la corte de Francia y más tarde hacia Inglaterra, fundiéndose con las tradiciones célticas.[9] ¿Cuáles eran las notas dominantes de este amor caballeresco? En esta época se inician los tiempos de las cruzadas y se difunden ampliamente los romances amorosos. Los peregrinos iban hacia Jerusalén y Roma principalmente, pero tam-

---

9. En el romance de *Tristán e Isolda* encontramos la síntesis de la concepción céltica del amor. En ella se envuelven el sentido del misterio y una meditación permanente en torno a la muerte.

bién a Santiago de Compostela. Es el momento en el que el viajero está lejos de su mujer y la idealiza. Psicológicamente este es un mecanismo muy frecuente. Los peregrinos se complacen en escuchar relatos de caballerías, repletos de heroínas sublimes que alientan a sus maridos desde lejos.[10] Ella será siempre la mujer soñada, la princesa lejana, el hada Viviana: unas y otras alimentan las fantasías del «héroe», que se ve obligado a separarse de su amor tras breves y apasionados encuentros.

Las mil argucias renovadas por los libros de caballería siembran la vida de dichos héroes de dificultades y de amores imposibles. Este héroe, salido directamente de los libros de caballerías, tiene el siguiente perfil psicológico: galante, guerrero, tímido y melancólico en cuanto la mujer se aleja de él. Estos van a ser los vigorosos elementos de aquella civilización en la que podía más la caballería que el amor y la guerra.

La concepción platónica

Esta concepción se desarrolla aproximadamente a todo lo largo del siglo XV, aunque sus límites temporales son ciertamente imprecisos. Por un lado, presenta algunas notas del

10. Durante esta etapa histórica, el hombre guerrero o peregrino está mucho tiempo ausente; unas veces por las cruzadas y otras por las guerras feudales. Los únicos que quedaban en los castillos eran los pajes, casi todos niños. *Las mujeres sueñan con que su hombre sea Tristán* o *Lanzarote*, y todo ello alimentado por los libros de caballería.

amor cortesano y gentil; por otro, va a tener algunas características que se verán ya en el Renacimiento. Toma su nombre de Platón, pero hay que matizar en qué sentido, pues va a mostrar unos rasgos muy específicos:

1. *Platónico* quiere decir aquí *contemplativo*. Es una relación afectiva que descansa en la observación distante y atenta a la vez de la persona a la que se empieza a amar, de tal manera que su base no es objetiva, no procede del encuentro real entre ambas, sino que despliega sus velas merced a la imaginación y la fantasía.

2. Así las cosas, se produce una *idealización afectiva*: se da a ese «encuentro humano» un carácter ideal, adornándolo de todas las perfecciones posibles; por tanto, no expresa la realidad *como es*, sino *como debiera ser*. Los breves encuentros van seguidos de largos remansos de análisis que, inevitablemente, cada vez tienen menos que ver con la imagen verdadera.

3. La figura de Platón va a estar muy patente en toda la Edad Media europea: occidental, árabe, judía y bizantina. También lo estará en la renacentista, a la que nos referiremos más adelante. Conviene tener presente que durante el final de la Edad Media en Europa ya han convivido las principales corrientes de la civilización: el mundo griego y romano, el islámico (árabe), el judío y el cristiano. De ahí nacerá el *verdadero hombre europeo moderno*.

En *El banquete* se describe el nacimiento del amor: «El día del nacimiento de Venus, mientras banqueteaban los dioses, Poros, hijo de la Sabiduría, ebrio de néctar, se unió a Penia en el huerto de Júpiter. De su unión nació el amor...». Diotima, un personaje central de esta obra, habla por boca de Sócrates y Platón. *Poros* y *Penia* significan la abundancia y la indigencia; *el huerto de Júpiter*, la fecundidad de la vida, en la que se engendra por amor. «... El amor es siempre pobre y mucho le falta para ser delicado y bello como el vulgo cree; por el contrario, es seco y miserable y descalzo y sin morada, duerme siempre en el suelo y carece de lecho, se acuesta al aire libre ante las puertas y los caminos, todo ello porque tiene la naturaleza de su madre, compañero siempre de la carencia. Pero... está siempre al acecho de lo bello y bueno, es valeroso, resuelto y diligente, temible cazador que siempre urde alguna trama, deseoso de comprender y poseedor de recursos, durante toda su vida aspira al saber, es terrible, hechicero y mago y sofista; y su modo de ser no es ni "inmortal" ni "mortal", sino que en el mismo día tan pronto florece y vive —cuando tiene abundancia de recursos— como muere, y de nuevo revive gracias a la naturaleza de su padre (...). El amor está en medio de la sabiduría y la ignorancia. Pues la cosa es así: de los dioses, ninguno aspira a la sabiduría ni desea llegar a ser sabio (pues ya lo son) y si algún otro hay que sea sabio, ese tal no aspira a la sabiduría; ni tampoco los ignorantes aspiran a la sabiduría ni desean llegar a ser sabios, pues en eso precisamente es lamentable la ignorancia: en no siendo bello, ni bueno, ni sensato, parecer a sí mismo que se es todo lo que se tiene que ser.»

4. El amor platónico prospera en un tipo de hombre particular: aquel que vive *más hacia dentro que hacia fuera*. Allí donde hay una rica vida interior, es fácil que brote esta especie emocional.

Durante todo el siglo XV la poesía alcanza una gran riqueza épica y lírica con el *Romancero*, una vez que se ha ido produciendo la decadencia de los cantares de gesta: poemas breves rimados que se cantaban al son de algún instrumento musical. Sus temas principales: el amor, el honor, la familia, la gloria del rey o las luchas de los cristianos contra los sarracenos, son a la vez sencillos y ricos en viveza.

El gran poeta español de esta época es el marqués de Santillana, que interviene activamente en la política de Juan II en oposición a don Álvaro de Luna. Junto a él hay que destacar a Juan de Mena y Jorge Manrique.

Observamos un reflejo muy interesante de la forma en que entonces se entendía el amor en *La Celestina,* del bachiller Fernando de Rojas. En Calixto y Melibea se enfrentan dos mundos: el del amor auténtico, representado por ellos dos, de una parte, y el de Celestina y los criados, ruin y explotador de ese amor encendido, por otra. El *amor ideal* alejado de las miserias humanas se debate contra *la dura realidad* con toda su prosaica existencia. (Poco tiempo después, esta misma visión alcanzará un grandioso esplendor en Cervantes con Don Quijote y Sancho.) Un precedente del personaje central de la obra, la Celestina, lo encontramos un siglo antes en el *Libro de buen amor,* del Arcipreste de Hita.

Como diría Cervantes: «... libro a mi entender divino, si encubriera más lo humano», ya que las pasiones del hombre quedan descarnadamente al descubierto, con unos retratos psicológicos crudos, de gran realismo y unos perfiles populares muy conseguidos.

Como hemos afirmado anteriormente, el movimiento renacentista hace protagonista al hombre, penetrando en su interior y buscando las claves de dos grandes cuestiones: ¿quién soy yo? y ¿cuál es mi vida?

Para la primera pregunta va a haber una respuesta contundente: el hombre *es libertad* y la libertad todo lo llena de luz. En palabras de Marsilio Ficino es la *cupula mundi*, simiente de todas las posibilidades. Se origina así un *hombre nuevo* que hará germinar el *humanismo renacentista* y sus elevados ideales educativos tendentes a conseguir el pleno desarrollo de la personalidad. El medio, el instrumento, no es otro que la literatura antigua griega y latina sobre todo. La gran conquista de la época fue establecer una concordia entre la cultura clásica y el cristianismo.

El humanismo se convierte en un ideal, un método, que invade Europa, pero donde el fenómeno tiene caracteres más precisos es en Italia; allí florece con solidez de la mano de Dante, Boccaccio y Petrarca, y se exporta a los países vecinos. Su centro de irradiación es Florencia. En este lugar, que adquirirá su máxima pujanza durante la dinastía de los Médicis (Cósimo: 1389-1464 y Lorenzo: 1449-1492), nacen las primeras escuelas dedicadas a estudiar a los autores griegos y latinos. *El ideal de la elegancia* —medio para alcanzar un estilo perfecto— invade toda la vida intelectual.

El modelo de hombre es Cicerón, debido a su capacidad de ensamblar la vida activa y la contemplativa. Este ideal pedagógico, que se mantiene hasta comienzos del siglo XVIII, puso de relieve a hombres admirables, espléndidos, ejemplares, toda una galería humana de arquetipos bien perfilados, con una psicología precisa y recortada: desde el *cortesano* de Baltasar de Castiglione al *príncipe* de Maquiavelo; del *soldado cristiano* de Erasmo al *hombre de la utopía* de Tomás Moro o el *hombre crítico y escéptico* de Montaigne. Este es el gran valor histórico del Renacimiento.

La otra pregunta fundamental se refiere a qué hace el hombre en la vida o, dicho de otro modo, en qué puede emplear su vida, a qué tipo de quehaceres debe dedicarse... En una palabra: buscar el sentido de la vida. Manneti da una formulación concreta: *agere et intelligere*, es decir, lo propio del hombre es obrar y comprender. Tanto el siglo XV (Quattrocento) como el XVI (Cinquecento) se caracterizan por una sorprendente búsqueda e interpretación positiva del hombre, lleno de vida, fuerza, garra y humanidad, pero también nos revelan su ambigüedad. Tal es el caso de Maquiavelo, figura magistral de esta etapa, con sus célebres obras: *El Príncipe*, quizá la más importante, y *El arte de la guerra* o *La mandrágora*, que suponen concepciones muy ricas en cuanto a la condición humana. Otros ejemplos con luz propia son: Leonardo da Vinci, Giordano Bruno o Galileo Galilei.

Para todos ellos el amor es la pieza decisiva de la vida. De hecho, no se entiende la vida sin amor. *El amor renacentista descansa en la belleza, la armonía, la proporción, la elegancia, la distinción, el señorío, el buen gusto y, como ingrediente diluido en todos ellos, la inteligencia*. Se alcanza, de este modo, una fórmula de superioridad realmente notable. El amor es anticipación en tanto que amar algo no es poseerlo todavía. *El amor es deseo y ausencia a la vez, mezcla de indigencia y abundancia.* Por eso sus razones son confusas, ambiguas: unas veces las vemos nítidas y explícitas; otras desdibujadas y etéreas. Así reside su atractivo.

Pierre de Ronsard (1524-1585) es el mejor exponente de la lírica renacentista, que refleja lo anteriormente dicho:

Paseando con vos me dijisteis, señora,
que un exceso de mieles la afición contrariaba,
que os placían las quejas de los tristes amantes,
toda voz lastimera empapada en tristeza.

Me decíais, por eso, en mis horas de calma:
de entre vuestros sonetos yo prefiero los tristes.
Mi talante y amor hacen siempre que elija
melancólicos cantos con acentos dolientes.

Engañosas palabras. Si interés vos sintierais
por aquellos que tienen corazones llorosos,
qué piedad me tendríais, porque soy uno de ellos.

Mas sutiles argucias dictarán vuestros ojos,
llorarán con mis versos, cocodrilos de llanto,
para así arrebatarme con engañosos la vida.

El soneto lo dice todo. Garcilaso canta en su *Égloga primera* el amor entre Salicio y Nemoroso con estos soberbios versos:

El dulce lamentar de los pastores
Salicio juntamente y Nemoroso,
he de cantar, sus quejas imitando;
cuyas ovejas al cantar sabroso
estaban muy atentas, los amores,
de pacer olvidadas, escuchando.

Los grandes poetas italianos —Dante, Petrarca y Boccaccio— retratan este estilo de amor dando lugar al *dolce stil novo*. La *Divina comedia* de Dante, el *Cancionero* de Petrarca y el *Decamerón* de Boccaccio constituyen tres ejemplos colosales de esta época. La mujer diseñada por Dante —representada por Beatriz— lleva al *amor ideal*, transformando a la *donna* en una auténtica figura metafísica y teológica que salva al hombre con su gracia. Poco después serán los poetas y escritores del Cinquecento los que seguirán esta línea.

En España y Portugal tenemos que destacar a Jorge Manrique, Fernando de Rojas con su célebre *La Celestina*, Boscán, Herrera, fray Luis de León, Mendes Pinto, Camoens, etc. Y ya en otros países nos vamos de los *Cuentos de Canterbury* ingleses al Rabelais francés, con Ronsard y la figura de Copérnico.

Este amor renacentista aparece representado en el Museo del Louvre por tres grandes obras: *Parnaso* de Mantegna, en la que el amor se entretiene en disparar flechas para excitar los celos de Vulcano; *Castidad* del mismo autor, que en medio de una pradera dedicada a Venus derrota a los amores que con cordajes de seda atraen a los hombres; y *El amor profano y divino* de Tiziano.

El concepto renacentista de belleza

Todos los autores de esta época se inspiraron en el gran tratado platónico sobre el amor: *El banquete*. En esta obra se contempla el amor como el más sabio, perfecto y antiguo movimiento del hombre hacia su realización. El amor verdadero —tal y como lo entienden los pensadores de una parte del siglo XV y del XVI— es capaz de ordenar y penetrar en la vida íntima del hombre, privada hasta ese momento de una orientación clara y terminante.

En el amor renacentista lo que se busca es la belleza, una especie de resplandor que atrae, misterioso y suave a la vez. Su embrujo no está solo en el cuerpo, sino en la figura y sobre todo en los ojos. Pero la auténtica belleza, no únicamente la inmediata al encuentro con alguien, es la del alma, la interior: *la belleza interior se halla más tarde porque normalmente está escondida, pero tiene un carácter más permanente*. Esta es otra singularidad de la época: la belleza se interpreta como una hermosura interior que se refleja también hacia fuera. No solo está el gozo de la vista que contempla la belleza exterior y se recrea en sus líneas: la capacidad para descubrir la otra, la interior, indica una facultad más elevada, la de ser exploradores de la intimidad ajena, lo que a la larga va a ser una valiosa adquisición.

Contrariamente a lo que en algunas ocasiones se ha dicho, la Edad Media no es solo *teocéntrica*, mientras que el Renacimiento es *antropocéntrico*; pero esto es un reduccionismo excesivo. Lo que sucede en realidad es que se empieza a valorar más adecuadamente al hombre en sí mismo, en lo que tiene de grandeza y de posibilidades, aunque siempre con una referencia hacia lo sobrenatural. La inmortalidad del alma sigue siendo el escenario donde todo se desenvuelve.

La belleza es incorpórea, difusa, como si se escapara de nosotros. Por eso su hechizo es fugitivo y concreto. El Renacimiento se encargó de transmitirnos un nuevo estilo de belleza basado en la armonía y el orden, canon que cambiará en los siglos XVII (Barroco) y XVIII (Ilustración y Neoclasicismo). Este aspecto va a quedar reflejado en la pintura, la escultura y también en las formas arquitectónicas.

La pintura del Quattrocento se basa en la observación viva de la Naturaleza y en el dominio de la perspectiva. Los grandes maestros del siglo XV cultivan la pintura mural cuya temática es predominantemente religiosa; estos frescos adornan las iglesias, los altares y los oratorios. Pero a la vez afloran también temas mitológicos y profanos en los muebles y murales de los palacios. Fray Angélico y Botticelli son dos muestras excepcionales de ello.

El Cinquecento supone la culminación del proceso renacentista: se alcanza un mundo en orden y un optimismo humanista que encuentra su más perfecta forma en Rafael y Miguel Ángel. Es el triunfo de la belleza, el equilibrio, el orden, la grandiosidad, las formas severas y monumentales. Es la plenitud del arte: Leonardo da Vinci con sus famosas *madonnas* nos muestra el estilo de mujer de ese tiempo. Más tarde llegará el *manierismo*, un arte refinado y difícil que florece en los medios aristocráticos y que no fue popular ni resultó adecuado para lo religioso. Ya al final de este siglo XVI la realidad empieza a verse como confusa, y no va a ser plasmada en su forma real, sino deformada a capricho. El espacio se someterá a la distorsión de las perspectivas infinitas y las proporciones anatómicas se alterarán estirando los cuerpos como si fuesen elásticos. La luz también se va a tratar de modo irreal, buscando efectos especiales: unas veces aparece de forma fría, otras de modo cálido o extraña e indefinida.

La arquitectura emplea elementos clásicos: arcos de medio punto, columnas dóricas, jónicas y corintias, bóvedas de cañón decoradas con casetones y cúpulas de media naranja. En la estructura y en las plantas se buscan efectos de calculada y matemática perfección, dando preferencia a la diafanidad de los espacios.

Las tres formas del amor renacentista

Se puede afirmar que para el hombre del Renacimiento existen tres clases de amores, símbolos de las tres fuerzas que impulsan al hombre:

1. El *amor a la belleza corporal*, que es el más inmediato, ya que se accede a él desde la simple observación del otro, sin que requiera ninguna etapa psicológica; su fuerza radica en entrar por los ojos, en ser rotundo a la hora de mostrarse.

2. El *amor al conocimiento*, que encuentra sus fuentes más preciosas en la poesía, la literatura y en toda la riqueza de matices del arte.

3. *El amor al orden y al equilibrio*, que va a envolver todas las formas amorosas de buena parte del siglo XV y del XVI.

Los tres se agradan mutuamente. Entre ellos existe una conexión evidente que se refleja en el hombre y en la mujer de este siglo y medio de la Historia. Amar solo la belleza exterior es quedarse en una parte del tema, la más atrayente pero también la más superficial. Los escritores renacentistas descienden hasta las profundidades del ser humano para encontrar allí otros atractivos que sería imposible abordar desde el exterior. Esto es lo que hace Pico de la Mirándola en su *Discurso sobre la dignidad del hombre*, que viene a ser como «el manifiesto del hombre moderno»:[11] para llegar a ser hombre propone un triple consejo: nada es demasiado (*meden agan*), conócete a ti mismo (*gnothi seauton*) y, finalmente, atrévete a ser tú. Este libro despertó gran entusiasmo en Tomás Moro, que se inspiró en alguno de estos escritos a la hora de elaborar su ideal de hombre.

Uno de los autores más leídos fue León Hebreo, judío portugués que pasó su exilio en España e Italia; su *Dia-*

---

11. El humanismo renacentista tiene una curiosidad insaciable por beber en las fuentes clásicas. Podemos decir que dicho humanismo fue *ecléctico* en la medida en que fue capaz de integrar en una misma fórmula el pensamiento el mundo griego, romano, árabe, judío, cristiano y oriental.

Surge así la figura del caballero perfecto, delineada por Baltasar de Castiglione en *El cortesano*: discreto con gracia y mesura, espiritual, abierto a las artes y cultivador del *amor platónico*, que históricamente tuvo aquí un gran apogeo.

loghi d'amore fue célebre y corrió por toda Europa, e influyó más tarde en Cervantes y Spinoza.

El amor caballeresco

Esta modalidad a la que ya nos hemos referido atraviesa varios siglos —del XV al Barroco—, y por eso no puede establecerse un período histórico tan preciso como en los anteriores casos.

Don Quijote podría ser un claro representante del mismo, si no fuera porque se trata justamente de una parodia de los libros de caballería, que culminará con la transformación de Aldonza Lorenzo en Dulcinea: caricatura de todas y cada una de las mujeres amadas por la mente exaltada de los caballeros andantes.

Hay algo en este subtipo amoroso que psicológicamente va a enseñarnos mucho. Es un tiempo de análisis de los sentimientos; tiempo de conquistas lentas, bien hechas y dignas de tenerse en cuenta.

Entre otras cosas, porque se produce en momentos en los que el hombre y la mujer están relativamente ociosos. Así se caracteriza una civilización correcta: predispone para el amor y en ella hay tiempo para amar, soñar, navegar por el mundo sentimental y recorrerlo ampliamente.

En el siglo XVII la novela más leída en Francia es *La Astrea,* de Honoré d' Urfé, la cual nos pone sobre el tapete la omnipotencia de la mujer y nos ofrece las principales leyes del amor caballeresco, representado por el personaje de Celadon, que podrían quedar resumidas de este modo:

amor con pasión, con locura, con arrebato; no tener otro motivo para vivir que este, el amor; querer tan solo a una persona y dar por ella la vida o jugársela; vivir para ella y hacer que toda la actividad febril del caballero tenga como objetivo a su amada: complacerla, adorarla, protegerla de todos los peligros; en ella únicamente hay perfecciones: se tiende a idealizarla de una manera absoluta. Pascal nos revela esto en unas frases de su *Discurso sobre las pasiones amorosas*: «La pasión para ser hermosa tiene que ser ilimitada. Solo se ama bastante cuando se ama demasiado». En todo el amor caballeresco va a haber una cierta mística escondida, que mueve a dejarlo y a sacrificarlo todo para conseguir a la persona amada.

El amor caballeresco vive y se alimenta de un ideal heroico tejido de hazañas guerreras. El héroe novelesco es un sustitutivo de lo sagrado. Es la época en que se vive de los mitos y las leyendas de los caballeros, de sus aventuras y desvelos..., pero todo llevado hasta la exageración, como nos dirá Madame de Sévigné en *El gran circo*: «La belleza de los sentimientos, la violencia de las pasiones, la grandeza de los hechos y los efectos extraordinarios de aquellas tizonas formidables me llenan de entusiasmo». Se llega a la muerte por amor. No hay mayor escala en el mundo de las pasiones.

Madame de Lafayette escribe *La princesa de Clèces* en esta misma línea. Los personajes tienen sed de eternidad, de gloria humana, de trascendencia afectiva. Las pasiones se experimentan con violencia, son capaces de arrasar toda una vida, agitándola con el fuerte bamboleo de un amor casi imposible. Al leer sus páginas nos vemos obligados a penetrar en la hondura de los sentimientos y también en las modas amorosas del momento.[12] La vida es una dialéctica entre la luz y las tinieblas, lo fácil y lo difícil, en donde el amor siempre se pone a prueba.

Poco a poco esta corriente amorosa fue perdiendo fuerza, y lo hizo convirtiendo el amor en un juego. La nobleza de los sentimientos se ve reemplazada por unas estrategias presididas por la apariencia. Paulatinamente se fue produciendo una reacción social contraria que estuvo presidida por las críticas de Molière. La burguesía empieza a combatir el ideal caballeresco, y lo hace burlonamente, insinuando una nueva moda sentimental más ecuánime y objetiva.

El amor romántico

Ciertas tendencias prerrománticas se observan ya en la segunda mitad del siglo XVIII, pero el Romanticismo triunfa a todo lo largo del siglo XIX. Sus ideales pueden quedar expresados así: *libertad; vuelta a los sentimientos* (como reacción a la Ilustración, que había imperado en el siglo XVIII y que situaba la razón en el centro de la vida humana), espe-

12. Cada época histórica tiene sus modas en el *arte de amar*, lo que en esos momentos todo el mundo acepta y ve de buen grado. La aprobación general es una forma de consenso. Hoy en día también existen, pero tienen un tinte mucho más desapasionado y racionalista, fruto de una circunstancia distinta: la industrialización, los grandes avances de la tecnología y un fondo de hedonismo y permisividad que todo lo envuelve.

cialmente a aquellos que abren las puertas del conocimiento: la tristeza, la angustia, el desaliento, la melancolía...; *culto al yo*, una especial atención a la geografía de la intimidad; *gusto por lo exótico y tendencia a la insatisfacción*, que se presenta como una protesta universal que toma como símbolo el poder infinito del mundo afectivo. *Al hombre romántico le interesa el caos de las profundidades, allí donde los sentimientos son oscuros, sombríos, nebulosos, indefinidos*. Como Lord Byron, quiere andar por los límites del hombre, bordeando el riesgo apasionante. En esas brumas acabaron muchas vidas. Todo se mezcla en la experiencia singular del hombre de este tiempo: el sueño, el inconsciente, la nostalgia. Se acepta el desorden como elemento creativo capaz de conseguir el conocimiento propio. Baudelaire, por ejemplo, se pregunta: «¿Qué hay debajo del mundo real?». Eso es realmente lo que interesa.

¿Dónde se encuentra la verdad del hombre? ¿En los sueños? ¿En la vida cotidiana? La respuesta parece ser unánime: destronada la razón, la nueva vía láctea va a ser *la travesía por los recovecos de la vida sentimental*. Hay que ir al lugar mismo donde nacen y crecen para observarlos, para analizarlos, para seguir sus zigzagueantes trayectorias. Este va a ser el camino elegido.

De otro lado, uno de los principios que más circularon en esta etapa fue el de *quebrantar las normas establecidas*. Lo importante era transgredirlas, vulnerarlas, hacer caso omiso de ellas. De algún modo la rebeldía es provocación, distanciamiento de lo que está estipulado. Por eso el hombre romántico se va a distinguir del hombre clásico en la ausencia de normas y reglas fijas, para seguir solo los dictados de un cierto reglamento interno: los sentimientos. No va hacia la belleza ni hacia la armonía de las formas, sino que su único interés es *adentrarse en las trastiendas de su propia psicología, puesto que la realidad es decepcionante*. Es el deseo de encontrar otro mundo. En cierta manera es lo que nos dice Thomas de Quincey en su célebre libro *Confesiones de un inglés comedor de opio*: la insatisfacción que produce lo real obliga a buscar otros paraísos artificiales donde refugiarse.

El amor romántico es rojo, apasionado, lleno de luz, pero desgraciado, repleto de obstáculos, casi imposible. Se podría decir que está marcado por pasiones insuperables, inaccesibles, arriesgadas y peligrosas, pero, al mismo tiempo, nada es tan importante en la vida como un gran amor, por dramático e irrealizable que sea. Todo adquiere entonces un valor infinito. Como diría André Maurois, «con los sentimientos sucede lo mismo que con los jardines. Se trata de volver a la lozanía de las primeras pasiones».

De cierta manera hoy estamos viviendo también un amor con vetas románticas. Lo que más atrae de él es su fuerza, su espontaneidad y la ausencia de reglas y patrones previamente fijados. Muchas de estas características van a reflejarse en las obras de los escritores de este tiempo. Así, Rousseau anuncia ya en *La nueva Eloísa* la llegada del Romanticismo, haciendo triunfar los temas emotivos, nocturnos y melancólicos.

El éxito de esta novela fue extraordinario debido a que los análisis, los personajes y las sentencias que se manifiestan nos ponen sobre la pista del movimiento romántico. En su libro *Confesiones* recoge este excelente retrato femenino: «... tenía un bosque de largos cabellos negros, rizados sin artificio, que le bajaban hasta las rodillas. Era de natural sencillo y sumamente agradable. Su carácter era angelical; la dulzura de su alma lo llenaba todo. Excepto la prudencia y la fuerza, reunía en sí todas las virtudes». En sus escritos están los principales ingredientes de la pasión amorosa asociada a un cierto fondo de paisaje melancólico.

En conclusión: ¿qué es el amor?

Sobre el amor se ha escrito abundantemente. Ahora vamos a volver al pensamiento clásico: a Platón y su libro *El banquete*. Agaton celebra un banquete para festejar su primer triunfo como poeta, invitando a una serie de personas notables: Eriximaco, médico ilustre; Fedro y Pausanias, amigos personales y pertenecientes al mundo intelectual de la época; Aristófanes, escritor y dramaturgo, una de las grandes cabezas de su tiempo —su discurso quizá sea el mejor junto al de Sócrates—; y Alcibíades, que borracho y ya al final del convite hace un elogio del amor realmente antológico, en donde la gracia, el brío y la fuerza platónica dan lo mejor de sí mismos.

El conjunto está integrado por una oratoria llena de armonía, de audaces contrastes, con depurada orquestación y exquisitos recursos. De ahí que se diga en un momento de la obra que *el amor es filósofo*, ya que saca a relucir un conjunto de observaciones afectivas que, arrancando del discurso de Fedro, culmina con las palabras de Sócrates. El resultado es una respuesta global al tema del amor: «... el amor es un dios grande, poderoso y admirable..., el dios más antiguo: inspira fuerza y valor, da ímpetu; los dioses estiman por encima de todo la abnegación y la virtud en el amor». Se hace una distinción muy clara entre el enamoramiento del cuerpo y el psicológico: «... el que está enamorado del cuerpo lo está de una cosa que no es constante, pues tan pronto como cesa la lozanía, ese amor se marcha en un vuelo, tras mancillar muchas palabras y promesas; en cambio, el que está enamorado de un carácter virtuoso lo sigue estando a lo largo de toda su vida, ya que está inseparablemente fundido con una cosa estable». El transcurso del tiempo será, una vez más, la prueba exploratoria para comprobar su firmeza, su estabilidad.

Aristófanes, en su libro *Las nubes*, afirma: «Me parece que los hombres no se dan cuenta en absoluto del poder del amor (...). Si lo supieran, harían en su honor los más solemnes sacrificios (...) ya que aporta la máxima felicidad (...) tras de hacer un solo ser de dos y curar la naturaleza humana; eso que se llama amor no es otra cosa que el deseo y la persecución del bien, de todo».

Son muy diversos los amores que puede tener el hombre en la vida, no se circunscriben solo al que se establece entre un hombre y una mujer. De ahí que la definición de amor, en general, no sea tan fácil, si bien por el momento podemos decir que *el amor es un sentimiento gratificante, de aprobación de algo o de alguien, que se acompaña de la tendencia a poseerlo.* Hay, en esta aproximación conceptual, dos elementos importantes: uno se refiere a un *sentimiento positivo*, que es alegría, gozo, contento, ilusión al descubrir ese algo que nos satisface; otro, de *ir hacia ese algo que hemos descubierto*, como si se tratara de un sentirse arrastrado hacia él.

El *amor platónico* alude esencialmente al amor humano y queda tipificado a lo largo de *El banquete* como algo sumamente delicado, flexible y amplio en sus formas, pero capaz de relegarse sobre sí mismo. Hay pocas cosas tan grandes en la vida como el amor. Dice Sócrates: «El amor es quien nos vacía de hostilidad y nos llena de familiaridad, es él quien ha instruido todas las reuniones (...) se hace nuestro guía; nos procura mansedumbre, nos despoja de rudeza, amigo de dar benevolencia, benigno, digno de ser contemplado por los sabios; del lujo, de la delicadeza, de las gracias, del deseo, de la añoranza».

En todo este recorrido hemos ido descubriendo los distintos paisajes afectivos que han estado en primer plano a lo largo de la historia. Desde el *amor cortés* nacido hacia el siglo XII en el Poitou francés, donde van a cristalizar los trovadores del sur, hasta esas formas que ya se van acercando al Renacimiento y en donde toda una etapa teocéntrica se va transformando en antropocéntrica: Dios va a dejar de ser el centro de referencia, para irlo siendo el hombre.

El amor cortés ennoblece y, por él, el ser humano se salva de las desdichas e infortunios. Pero son muchas las veces en las que se funden el amor cortés y el caballeresco, formando un binomio singular. *La mujer es siempre el centro de toda la acción afectiva.* Ella anima, consuela, motiva, empuja, arrastra con su fuerza hacia lo mejor, a las más bellas hazañas jamás soñadas.[13]

---

13. Late a lo largo de estas páginas la incipiente *educación sentimental*, hoy más actual que nunca debido al drama de tantas parejas rotas. *La educación de los sentimientos es esencial, ya que se refiere a uno de los núcleos gordianos que organizan la vida en el territorio más íntimo del ser humano.*

En un ciclo de conferencias que di en la Universidad Panamericana de México (junio de 1998) hablé sobre lo que he llamado *amores eólicos*. Eolo, dios griego del viento, reinaba sobre sus tumultuosos elementos, encerrados en una caverna en las islas Eolias o tenidos prisioneros en Odres. Solo los dejaba salir cuando Zeus se lo ordenaba. Pero a veces se liberaban los vientos y, sin permiso, desencadenaban tempestades, huracanes y naufragios.

Los *amores eólicos* son los que se edifican con materiales cambiantes, que se permutan y se combinan. Es el nuevo «bricolaje» de amores zigzagueantes, diluidos, que se ramifican de mil modos y originan una base social frágil, vulnerable e inconsistente. Es el triunfo de lo *light*.

capítulo tres — Sobre el amor, la amistad y la familia

Amor y felicidad

El delicioso libro de Rafael Alberti y María Asunción Mateo, *Canción de canciones*, recoge los mejores poemas de amor de la lengua castellana. Arranca desde la Edad Media y llega hasta nuestros días, atravesando la geografía del Renacimiento, el Barroco y el Neoclasicismo, hasta llegar a ese *segundo siglo de oro* que es la generación del 27, para aterrizar en lo más reciente.

El amor es un tema interminable. No hay más que recordar los versos tantas veces leídos y que casi los sabemos de memoria: *La sonatina* de Rubén Darío, *La canción del pirata* de Espronceda o algunos versos del libro *Poemas de cante jondo* de García Lorca. Decía Platón que *el amor es deseo de engendrar en la belleza*. El amor es lo que debe mover al ser humano, y la poesía no es otra cosa que una dilatación del lenguaje, que expresa los sentimientos. La poesía amorosa es la más plena, la que mejor refleja el paisaje interior. En un mundo de cambios vertiginosos, donde lo más sólido se hace líquido e incluso se evapora y diluye, el amor sigue siendo el gran argumento. Yo lo expresaría de forma más rotunda así: *no hay felicidad sin amor y no hay amor sin renuncias*. El amor tiene unas notas esenciales de sacrificio gustoso por el otro. Es más, si la palabra amor sale a menudo de nuestros labios y no se acompaña de pequeños esfuerzos por hacer la vida más amable al otro, llega a sonar a algo hueco, vacío, insustancial, que cansa. Los dos grandes guiones de la felicidad son el amor y el trabajo: ambos conjugan el verbo ser feliz.

La felicidad consiste en vivir en armonía con uno mismo. Ese estado desprende paz y serenidad. Pero la paz es consecuencia de la guerra, como decía Séneca. El esfuerzo concreto, deportivo y alegre por pulir y limar y corregir las aristas de los sentimientos torna el amor en algo personal, que lleva a encontrarse con lo mejor de uno mismo y del otro.

Pero veo a la palabra *amor* falsificada. Hay un uso, un abuso, una manipulación, falsificación y degradación de la palabra *amor*. A cualquier cosa le llamamos amor. Empleo engañoso, convencional, adulterado. *El amor es una tendencia afectiva que nos lleva a darle a alguien lo mejor que tenemos*. Es donación, confidencia, entrega, apertura para recibir. Por eso en su seno se hospedan tres grandes ingredientes que deben darse simultáneamente: físicos, psicológicos y espirituales. No se puede tirar de la vida sin un gran amor en el corazón. Cuando amo a otra persona, le debo lo mejor: que sea libre y vuele alto y se eleve por encima de las circunstancias adversas como un águila posándose sobre los hechos, con visión de futuro.

No hay amor como el de madre: no hace falta ganárselo y tampoco hay nada que lo haga perder. Es el amor humano más puro. El amor es como el vino: necesita unas cubas apropiadas donde criarse, una temperatura adecuada, tiempo..., pero lo más importante es la calidad de la uva. Esa excelencia del fruto de la vid se acrisola en el día a día. Es la vuelta a las pequeñas contabilidades. *No creo en el amor eterno.* El mejor se desmorona y se viene abajo si no se le cuida. Creo en el amor hecho, hilvanado, tejido y vertebrado de cosas pequeñas, menudas, de escaso relieve inmediato, pero que denotan una finura psicológica en el trato. En este sí creo. Y consiste en una labor de artesanía, en donde lo importante son los detalles. Hay que aprender a no abandonarse.

Decía Ortega en *Estudios sobre el amor* que el enamoramiento es un trastorno de la atención. Stendhal habló de la *cristalización*: tendencia a idealizar al otro. Cuando el amor llega suele ser *ciego* en algún sentido, pero cuando se va, es demasiado *lúcido*. Confusión y claridad. La excesiva cercanía enturbia y el alejamiento aclara. Proximidad y distancia son dos formas de observación: opacidad y transparencia.[1] Es menester *poner distancia* para ganar claridad. Así debemos hacer con nuestros amores.

---

1. Siendo más estrictos en el análisis, podríamos referirnos a *lo romántico como sentimental* y a *lo clásico como meditado*. Homero es clásico por definición, aunque llegue a la cima más alta y expresiva del patetismo cuando, en la *Ilíada,* Príamo pide a Aquiles los restos de su hijo Héctor.

Lo romántico abre camino hacia la belleza; lo clásico es su obtención, la instalación de la belleza misma. Lo romántico y lo clásico deben complementarse en el hombre superior. Se incluyen y realimentan.

La felicidad no depende de la realidad, sino de la percepción de la realidad que uno hace. Esa apreciación es suma y compendio de la vida auténtica, de aquella que ensambla de la mejor manera posible teoría y práctica, ideas y hechos, lo que se piensa y cómo se actúa. La coherencia es el puente levadizo que nos conduce al castillo de la felicidad. Es una de las principales puertas de entrada. *La felicidad no se da en el superhombre, sino en el hombre verdadero.*

Para muchos la felicidad queda reducida a nivel de vida, a bienestar y a seguridad. Casi todo centrado en la materia. Pero cuando la vida se va acabando y hacemos cuentas con nosotros mismos, sale la verdad de lo que uno ha sido. Y aquí el amor es examinado y cada segmento de su travesía rinde cuentas de cómo ha sido vivido. La coherencia en el amor es la belleza permanente de la conducta.

El amor platónico

Me gustaría contar una pequeña anécdota que me ocurrió no hace mucho y de la que quiero sacar alguna conclusión. La vida es un *arte* y hay que saber hacer una administración inteligente de ella. Es un *ensayo* en el que vamos aprendiendo al compás de los hechos que nos acontecen. Acabo de terminar de releer la novela de Juan Valera *Pepita Jiménez*, epistolar y psicológica, en la que un joven adolescente se va enamorando poco a poco y le cuenta los hechos a un tío suyo. En algún momento dado me he estado acordando de *La educación sentimental*, de Flaubert, un amor que no llega a su cumplimiento, pero repleto de recodos afectivos y pasionales. Uno y otro autor supieron adentrarse en la intimidad y describir sus hechos. El primero, de forma realista y el segundo, de manera romántica. Todo esto viene a colación de la anécdota que quiero contar, que me sucedió un día al salir de la Universidad.

Una adolescente de dieciocho años, que está en primer curso de carrera, me aborda y me cuenta que está nerviosa, inquieta, y que ha empezado a no dormir bien por la noche. Para un psiquiatra, no dormir bien es un síntoma importante, aunque puede significar cosas muy diversas. El caso es que se estaba enamorando de un chico, que pasaba todo el día pensando en él, si bien no habían llegado a salir juntos; lo más, encuentros en clase, sentarse juntos, y hablar y compartir esos tiempos de aulas y estudios.

Lo interesante de esta joven es el hecho de tener a ese chico en la cabeza muchas horas al día. *Don Quijote* decía que *Dulcinea* era la dama de sus pensamientos. Pensar mucho en alguien es estar a las puertas de enamorarse de él. Esta actitud tiene un nombre específico: *amor platónico*, modalidad de la especie sentimental, frecuente en los amores primerizos juveniles, que se elabora con muy pocos materiales reales y se incendia con la imaginación desbordada y sin el más mínimo control. Se fabrican paraísos y escenarios mentales que alientan la relación, pero la base es escasa: conversaciones, gestos, miradas, palabras difusas que invitan a repensarlas y la atracción física como anzuelo.

¿Es peligrosa esta situación? Es conveniente adentrarse en los distintos pasadizos del edificio sentimental, e insisto en algo importante: lo que no puede fallar es la base. Lo importante es que el corazón no vaya más deprisa que los hechos, si no después viene el desencanto y la melancolía, ganados a pulso, de un amor construido con demasiada fragilidad, vulnerable a los primeros vientos contrarios.

Es bueno seguir con esa amistad, pero hay que darle tiempo. Necesita trato, relación, conocimiento mutuo, compartir experiencias, explorarse recíprocamente. En el campo las noches tienen un poder mágico, y las estrellas que parpadean engañan con sus reflejos. Hay emboscadas de vientos suaves y dulces que nos abren las puertas de la afectividad. La descubrimos, nos colamos por sus resquicios, sin perder de vista que *el hombre es un animal de lejanías atentas*: el único capaz de tomar distancia y verse a sí mismo desde el patio de butacas. Uno permanece vigilante pero no se aleja de la realidad; solamente se aparta de ella y toma buena nota. Es un doble trabajo: de actor y de espectador.

Cuanto más deseamos algo, más debemos salvaguardarlo con el orden de la razón. La inteligencia es la capacidad para aprender la realidad en su complejidad, pero sin la afectividad es poca cosa. Ambas deben ensamblarse en la misma operación. Ese es el itinerario que propongo recorrer: geografía que atraviesa valles y collados, ríos caudalosos y paisajes agrestes. Es menester poner bases sólidas para edificar un amor fuerte y resistente, porque, como he comentado en otra ocasión, la vida no se improvisa, menos aún en sus grandes temas.

En la mitología griega Eros era hijo de Penia y Poros, de la riqueza y de la pobreza. Esta es la estructura paradójica del amor. Cada hombre tiene sus audacias y cada amor, sus argumentos.

El amor inteligente

En mi libro *El amor inteligente* aporto la experiencia de mucho tiempo preguntándome, reflexionando y oyendo a mucha gente sobre este tema de siempre: *el amor*. El amor inteligente es una creación personal, capaz de ensamblar al mismo tiempo los sentimientos, la inteligencia y la espiritualidad como puente entre uno y otro. Es un reto. Una meta. Aspirar a construir un amor duradero, sólido, firme, consistente, plástico, con capacidad para sortear las muy diversas dificultades por las que habrá de pasar.

Así pues, se trata de una educación entre corazón, cabeza y trascendencia. Conocer lo que son y en qué consisten los sentimientos, aplicar ciertos criterios lógico-racionales y buscar la objetividad, pero sin que los afectos pierdan frescura, lozanía y espontaneidad. Y la trascendencia: huir de los amores livianos, *light*, epidérmicos, hechos con materiales de derribo.

¡Qué fácil es enamorarse y qué difícil mantenerse enamorado! En el paso de la pasión a la convivencia diaria, en la travesía de lo carismático a lo institucional, es esencial el cuidado de las cosas pequeñas, de los detalles diarios, para evitar un cortocircuito. Hay que estar atento a ello, tomar buena nota y ponerse manos a la obra. Como dice el texto clásico, *fortes facti sunt in bello* («se hicieron fuertes en la batalla»).

Hay que administrar de forma inteligente la vida afectiva. Hablando con propiedad, *la vida conyugal tiene un alto porcentaje de artesanía psicológica*. El mejor amor se echa a perder si no se cuida. Aunar lo clásico y lo romántico, la distancia y la cercanía, el corazón y la cabeza: esta es la clave. Por eso *el amor es un producto cultural*, porque debe estar bien elaborado.

A lo largo de mi libro, dedicado a mi hija Cristina, que ha pasado de ser una adolescente[2] a una mujer joven de veinticuatro años que ama la vida con pasión y empieza a conocer los *papeles reservados* de la oceanografía de la afectividad, hay una idea que pilota todo el discurso: *para estar con alguien hay que estar bien con uno mismo*. Después vendrá la convivencia, tejida de tolerancia y de respeto hacia el otro.

2. *Adolescencia* es un término que se remonta a la primera mitad del siglo XV, procedente del latín *adolescens*, *-tis* (persona joven). Otra derivación es a partir de *adolescere* (crecer). Literalmente se refiere a alguien lleno de carencias, que adolece de casi todo. A esa edad uno está rodeado de limitaciones, necesidades, privaciones y desconocimientos, pero suele estar lleno de vida e ilusión.

Los padres somos los primeros educadores y tenemos que ir por delante, abriendo camino, con delicadeza, tacto, esmero de artesano... Los padres no podemos pretender que nuestros hijos hagan cosas que no han visto vividas en nosotros. *Aprender a vivir es lo único importante*. Esa asignatura no se enseña en los libros. Empieza en la familia y continúa en la vida misma.

¿Por qué es un asunto tan importante y tan difícil este de la convivencia? Porque la vida diaria sigue siendo la gran cuestión. Todas nuestras teorías, ideas, argumentos y estilos psicológicos vienen a convocarse aquí: en la realidad misma de residir y habitar juntos. *La convivencia es, ante todo, compartir, tomar parte en la vida ajena y hacer partícipe de la propia al otro*. Constituye esto una prueba complicada en la que demostramos muchas cosas concretas de nuestra personalidad.

Hoy en día creo que esta cuestión representa una de las mayores dificultades objetivas para el ser humano, que suele vivir en un equilibrio inestable. Aquí se percibe en vivo y en directo, con gran claridad, el hecho real de buscar soluciones y alternativas para hacer posible la rutina.

He comentado en alguna otra ocasión que uno de los cánceres sociales de nuestros días son las rupturas conyugales. Pues bien, también la vida familiar en general se ve surcada hoy por experiencias dramáticas que dejan la existencia herida, destrozada y abierta a todo tipo de desavenencias.

Una buena convivencia no es fácil. Implica un esfuerzo importante de la voluntad y una capacidad suficiente como para aceptar la vida con otras personas. Vamos a dibujar sus aspectos más esenciales, no ya solo en relación con la vida familiar, sino con cualquier comunidad humana relativamente pequeña. Soy de los que piensan que *la primera fuente cultural es la familia*, de ahí su grandeza, su importancia, el papel decisivo que va a jugar en el troquelado y la configuración de la personalidad de cada uno de sus integrantes. Pues bien, estos puntos cardinales son, en mi opinión, los siguientes:

1. *Tener un conocimiento adecuado de uno mismo.* Conocerse bien es el principio de todo. Resulta imprescindible saber cuáles son las cualidades y las principales características de la propia psicología, lo que implica enfrentarse con uno mismo y procurar «resolverse» como problema o ecuación. Teniendo a mano las aptitudes y las limitaciones personales, será más fácil controlar las borrascas y tempestades que ineludiblemente habrán de sobrevenir.

2. *Poner un* plus *de esfuerzo por limar, pulir y rectificar aquellos aspectos de la personalidad que dificultan, entorpecen o impiden el trato y la relación cotidiana.* Se trata de luchar por ir desterrando lo negativo, modelando las aristas y las vertientes menos sanas del propio comportamiento. Esta tarea de reforma ha de ser ligera pero continua, suave pero firme, sosegada pero compacta. Sin estos propósitos concretos es imposible esperar cambios que favorezcan una mejor relación entre las distintas personas.

Aquí se incluyen tanto los coloquialmente «prontos de carácter» (reacciones impulsivas, pérdida del autocontrol ante estímulos insignificantes...) como los esquemas rígidos, intransigentes y herméticos, pasando por la susceptibilidad, los cambios bruscos y sin motivo de humor, la falta de consideración sistemática ante opiniones ajenas a las de uno...

3. *Conocer la realidad en la que se desarrolla la convivencia, la situación concreta en la que tiene lugar esa relación*: su diversidad, su perímetro, su estructura. Esto es, en definitiva, la prudencia, la *sindéresis* o valoración adecuada de la realidad. Aristóteles, en su *Ética a Nicómaco*, la califica como ordenadora del querer y del obrar.

En la convivencia diaria uno se retrata, de ahí la importancia de poner pequeños granitos de arena para hacerla amable y facilitarla. Tenemos que ser personas de propósitos firmes en este campo: uno, a lo más dos. Y sin olvidar la *sonrisa*, que es lo que más distingue al hombre del animal, después de la razón.

Amistades sólidas

La amistad es el plato fuerte en el banquete de la vida. Debemos vivir con los pies en la tierra y el corazón aspirando a cosas altas, que nos eleven por encima de tantas circunstancias que tiran de nosotros hacia abajo. Las fronteras entre el amor, el cariño, el afecto, el roce, la frecuencia de trato y la amistad propiamente dicha son borrosas, difusas, desdibujadas, como la propia geografía que observamos en un mapa visto con detalle.

La amistad está enraizada en las costuras del alma, pero hay una graduación de formas de amistad que va desde las más *íntimas* a las más *superficiales* (a estas últimas no deberíamos llamarlas así). Entre unas y otras se establecen distintas relaciones según la frecuencia, la intensidad y las etapas sufridas. Porque, no lo olvidemos, la mejor amistad pasa por épocas bajas, distantes, envueltas en una neblina de lejanía que es frialdad, fuego que se apaga y desvanece, displicencia, desinterés. Esto es casi normal, fisiológico, forma parte del guión.

La amistad es una forma de amor y, por ello, necesita cuidados, atención, minuciosidad. Los campos no se riegan a base de trombas de agua que anegan la tierra y las sementeras; lo más adecuado es la lluvia continua que empapa la tierra sin ahogarla. Es el *chirimiri* vasco, el *calabobos* gallego, la *garúa* de junio en Lima o la *camanchaca* chilena de la zona norte. Esa humedad cala con su baño, perfora, se cuela, se adentra rociando hasta las raíces mismas de la tierra. Así ha de cultivarse la amistad.

Esta forma de amor puede describirse por tres de sus notas: *donación, confidencia y complementariedad*. Estas variaciones sobre un mismo tema tejen una sinfonía en la cual dos personas se encuentran, se descubren, sintonizan, se acercan y se abren mutuamente. Darse es entregar lo mejor que uno tiene y la confidencia es dejar que alguien entre en los secretos personales, en la zona más reservada e íntima. La amistad es, pues, engranaje, visiones entrecruzadas, añadidos que el otro pone en mi patrimonio.

De entre los muchos ejemplos históricos, destaca la amistad de David y Jonatán, esos dos personajes bíblicos que vivieron en el turbulento reinado de Saúl. El primero venció a Goliat, un gigante con los pies de barro. Jonatán, hijo del rey Saúl, aglutinó su alma con la de su amigo David, siendo una de las personas de más porvenir en el Israel de su tiempo.

Otro ejemplo notable es el de los amigos Cicerón y Ático. El primero fue un famoso orador romano, un hombre sistemático lleno de ideas sabias y arriesgadas. Ático era discreto, habilidoso, pulcro y elegante. Su correspondencia da fe de la solidez de la relación. Nunca se traicionaron.

Y no olvidemos a Tomás Moro y John Fisher, dos personajes del Renacimiento inglés que compartieron la fe cristiana hasta sus últimas consecuencias. Vivieron en la cárcel de Londres las últimas semanas de sus vidas, llenos de Dios y repletos de coherencia. Su ejemplo sigue vivo y es un sólido punto de referencia.

Y, por último, Goethe y Schiller. El primero es uno de los padres de las letras europeas. Su novela epistolar *Werther* ejerció un extraordinario influjo en la juventud de su tiempo y sigue siendo hoy una referencia obligada. Su relación con Schiller fue excepcional. Autor dramático, diez años mayor, le acogió en la corte de Weimar. Su relación culminó en la elaboración conjunta de *Xenia*, una colección de seiscientos epigramas que hizo historia.

La pregunta vuelve constante, una y otra vez: ¿es posible tener un amigo de verdad en los tiempos que corren? Sin duda. Pero no hay que olvidar que la amistad profunda implica el riesgo de dejarse conocer y abrirse. *La amistad es una forma de amor que va de un máximo a un mínimo*, un afecto sereno, transparente, hecho de confianza y entrega, que se pule con el tiempo, se corrige y se perfecciona.

Decía Confucio que «las virtudes del hombre superior son como el viento y las del hombre vulgar como la hierba, cuando el viento pasa por encima, se inclina». En la amistad hay virtud y veracidad. Se aspira a lo mejor y a lo verdadero.

La familia, una escuela de amor

En una familia lo diario, lo cotidiano, nunca puede ser considerado banal ni insignificante, sino todo lo contrario. Tiene su propio peso. Por ello, día a día, ha de ser una escuela de amor, un recinto acogedor donde se pueden aprender las mejores lecciones. Lugar de reposo y tensión, de sosiego y de esfuerzo. Pero el hilo argumental de la convivencia debe ser el amor. Amar es comprender, disculpar, hacer la vida agradable a los demás con detalles pequeños, poner lo mejor de uno mismo para facilitar la convivencia. Lo más difícil de esta vida es la convivencia diaria, porque es ahí donde cada uno se retrata y queda al descubierto.

Comprender es ponerse en el lugar del otro, por eso comprender es aliviar. La aventura de la familia es un arte que se hilvana cuidando lo menudo: sabiendo ceder, agradando, pasando por alto los roces y las tensiones inevitables que cualquier convivencia trae consigo. La amabilidad, la alegría y el sentido del humor configuran una excelente ecuación para tirar hacia arriba.

La vida es como un *boomerang*: se recoge lo que se siembra. Como las buenas amas de casa, debemos ir a lo menudo, a la política de las más pequeñas contabilidades; lo heroico tiene escaso valor porque sucede muy de tarde en tarde. Tomar nota, corregir los errores de la propia conducta, rectificar, tener ese espíritu deportivo por conseguir una buena integración de todos los miembros de la familia es, sin duda, la clave. Pero no podemos perder de vista que *el hombre es un animal descontento*. La mejor de las familias pasa por etapas difíciles y situaciones conflictivas, que deben ser solo crisis de crecimiento y maduración de ese grupo humano.

Los padres son los primeros maestros: deben tener criterios coincidentes en la educación de los hijos. *Antes la familia era un patriarcado, hoy es un filiarcado*. Hemos pasado del mando de los padres al de los hijos. Educándolos de la mejor manera, y aprendiendo de ellos, es como puede conseguirse una complicidad inteligente en el medio familiar.

Recuerdos de familia

Ahora me vienen a la cabeza diversos episodios de mi vida familiar. ¡Cómo han cambiado las cosas en nuestro país desde entonces! Hoy la familia vive una de las crisis más graves de los últimos siglos. Recordaba yo las noches de estudio en común, después de cenar, semanas antes de los exámenes, en las que casi todos estábamos pendientes de nuestras asignaturas. Mi hermano Luis preparaba oposiciones a notarías y era siempre el ejemplo para el resto: ordenado, sistemático, con una voluntad firme y las ideas claras. Para él, el silencio y el método de estudio eran el mejor binomio. En el mismo cuarto estaban Isabel, Kika y las dos mayores, que, aunque no estudiaban, se preocupaban de saber cómo íbamos y de si queríamos tomar alguna cosa. Mi hermana Sole era una mezcla de responsabilidad y moderación, y Marisa siempre quería que comiéramos algo. Todavía hoy suena en mis oídos una frase suya: «Estudiáis demasiado y os podéis poner malos». Cristina, la última, la séptima de la cuadrilla, todavía no había empezado su carrera de Medicina y, por tanto, no participaba en la reunión.

Descansábamos de madrugada y hablábamos de todo. Las conversaciones eran muy jugosas: salían a la palestra nuestras inquietudes, ilusiones, así como las mil cosas que nos sucedían. Nos quitábamos la palabra unos a otros, pero aquellas interrupciones sabían a gloria. Había amistad, compañerismo, diferencias de criterio, preguntas...

Entonces yo no captaba realmente lo que allí estaba ocurriendo: una familia de estudiantes centrados en sus libros vivían en un ambiente cálido, serio y, a la vez, divertido, donde unos y otros nos alentábamos para seguir en la brecha e ir sacando adelante lo mejor de nosotros.

Algunos años después, cuando Cristina se incorporó al mundo universitario, los tres hermanos que estábamos por encima de ella la guiamos y aconsejamos a lo largo de su vida académica. Siempre planeaba sobre nosotros la figura de nuestros padres, que seguían con atención nuestras carreras y nuestra cotidianeidad con el fin de que todo funcionara bien. Alguna que otra vez tuve que llamar al orden a mis hermanas para evitar la pérdida de tiempo, el irnos por las ramas o la distracción motivada por cualquier asunto tangencial. Luchando contra el sueño, pasaban las horas y avanzábamos cada uno en nuestro camino.

Todas estas estampas familiares que relato se han quedado grabadas en mi cabeza de forma entrañable. Fueron años decisivos, positivos, una época de formación no solo profesional, sino sobre todo humana. Como dice el libro de los *Proverbios*: «El hermano que ayuda a otro hermano es como una ciudad amurallada». Nada como lanzarte a la vida con el bagaje de haber vivido en una familia unida, bien estructurada, creciendo sanos psicológicamente, sin complejos, y con seguridad a la hora de tomar decisiones.

La familia deber ser una escuela de *amor* y *aprendizaje* que permita, por encima de las lógicas diferencias de caracteres, vivir en un clima agradable, siendo la comprensión el tono que envuelve la convivencia. En mi obra *El amor inteligente* dedico una parte a subrayar los principales aspectos que deben cuidarse dentro de ese esquema de relaciones interpersonales: la amistad, el respeto, el conocimiento ajeno, la alegría, el saber disculparse, pedir perdón, ayudar al que lo necesita y un largo etcétera de consideraciones en esa misma línea.

Los trastornos psicológicos de la vida familiar son hoy un asunto importante para un psiquiatra. Se trata de un campo de juego donde el observador atento descubre muchos «mediterráneos» en los que zambullirse. Lo peor aquí es no tener las ideas claras. La convivencia, como ya he comentado, debe ser un trabajo gustoso y deportivo para facilitar la mejor circulación del trato y la armonía necesaria. El desprecio sistemático de lo pequeño tiene efectos devastadores. Una palabra agradable, una frase acertada, el obviar algún comentario negativo sobre uno mismo y, especialmente, el evitar la susceptibilidad, ese dragón que amenaza con llevárselo todo por delante al sentirse uno herido por la menor cosa, es primordial. Y no digamos la alegría de sonreír. ¡Qué sería de todo esto sin una sonrisa!

capítulo
cuatro Sobre la sexualidad

¿Dónde situamos nuestra sexualidad?[1]

Las relaciones entre amor y sexualidad no es que sean estrechas, sino que una se entronca directamente con la otra y, a su vez, en su seno vibran con fuerza todos y cada uno de los ingredientes que nutren lo mejor del ser humano: lo físico, lo psicológico, lo espiritual y lo cultural. En el momento mismo del encuentro sexual, lo que destaca y toma el mando es la emoción placentera del goce, quedando algo relegadas las otras tres dimensiones, pero envolviéndolo todo. Por eso hay que volver a subrayar que *la relación sexual es un acto íntimo de persona a persona*, nunca de cuerpo a cuerpo. ¿Qué quiere decir esto? Sencillamente, que cuando al otro se le trata solo como ser físico, portador de un cuerpo, se le escamotea su grandeza y profundidad.

Además, estamos anegados por el sexo mediante una

1. Conferencia pronunciada en la Universidad Anahuac de México D. F., en diciembre de 2007.

propaganda erótica continua. Si uno se deja llevar por esos derroteros, es difícil ver la sexualidad con ojos limpios, sanos y normales. Permanentemente somos invitados al sexo por los medios de comunicación, y esta convocatoria se hace de forma divertida, epidérmica, como una liberación que planifica y conduce a la maduración de la personalidad. Todo ese mensaje, apretado, sintético, englobado y envuelto en sus mejores aderezos, lleva al que no tiene las ideas claras a pensar que así es la condición humana, algo, por supuesto, sustancialmente falso: reducir la sexualidad a un puro medio la rebaja de rango, la envilece, porque *la sexualidad desconectada del amor y de los sentimientos conduce a un mundo neurótico*. Si se falsifica su verdadero sentido y se pregona la libertad absoluta al respecto, se termina en una de las peores esclavitudes que puede padecer un sujeto: *vivir con un tirano dentro que empuja y obliga al contacto sexual anónimo*.

El cuerpo es algo personal, particular, propio, y como tal deber ser integrado en el conjunto de la personalidad. *La sexualidad es un lenguaje cuyo idioma es el amor*, por eso la relación sexual debe estar presidida por el amor a la otra persona, por una entrega rica y diversa que no solo se produce en el terreno de la sexualidad. El amor comprometido, estable, que vincula lo corporal, lo psicológico y lo espiritual es el verdadero amor, y es el que debe presidir el acto sexual auténtico. Los tres planos participan directamente en esta sinfonía íntima, misteriosa y delicada que culmina con la pasión de dos seres que se funden en un abrazo.

A pesar del relativismo y la permisividad, la verdad sobre el hombre existe. Y esta verdad también vale para lo sexual. Muchas encuestas hablan de las relaciones sexuales de los jóvenes y nos ofrecen matices, ángulos y perspectivas diferentes. Pero no olvidemos lo siguiente: la *sociología* nos descubre comportamientos mayoritarios, lo que está pasando en la sociedad en esos momentos respecto a un tema concreto, mientras que la *moral* —esto es, el arte de vivir con dignidad— nos enseña cómo debemos actuar, qué es lo mejor para nosotros a la larga. *La sociología observa hechos y los ofrece estadísticamente; la moral fija ideales y conductas que hacen al ser humano más libre*. La verdad no depende del consenso, ni de lo que diga la mayoría. Eso son opiniones, y las opiniones son como las estatuas de Dédalo: están en permanente actitud de huida. Hoy se asoman con vigor y mañana se desvanecen. Cuando uno se apunta a las modas en cuestiones esenciales, está perdido.

Tres observaciones sobre la marcha que no quiero dejarme en el tintero:

1. Hoy estamos asistiendo a una verdadera *idolatría del sexo*. Este se ha instalado en el corazón de nuestra sociedad, a impulsos de la pornografía y sus derivados. Se ha producido una *cosificación degradante del sexo*, pero con una nota *sui generis*: se trivializa el sexo y a la vez se lo convierte en religión.

2. Vivimos en una *sociedad neurótica* en lo que al sexo se refiere. Es la ceremonia de la confusión, la apoteosis de la desilusión. Una sociedad que busca lo que escandaliza y fomenta lo que luego condena.

3. La sexualidad no es algo puramente biológico, un pla-

cer ligado al cuerpo, sino que mira a *lo más íntimo de la persona*. De ahí que deba ser instalada junto al amor, a su lado y envuelta por él.

Y, para terminar, una reflexión: no se debe confundir el hecho de no tener tabúes con la ausencia de principios.

Paisaje detrás de una sexualidad sana

La sexualidad es un componente más de la naturaleza humana. Dado que en su seno alberga la voluptuosidad del placer, necesita una educación algo más especial. Por ejemplo, se educa el oído para que sepa distinguir los matices y la pronunciación de un idioma; también para que sepa apreciar las diferencias entre los grandes músicos clásicos: Beethoven, Mozart, Brahms, Falla, Granados... Se hace la misma tarea con la vista para contemplar y saber el valor que tiene un paisaje, un buen cuadro, una puesta de sol o un día luminoso junto al mar. *Saber apreciar la realidad en su diversidad es cultura*.

Con la sexualidad ocurre otro tanto, pero con la diferencia de que esta produce una marca profunda en el ser humano, ya que afecta a uno de sus planos más íntimos y resulta un vehículo de expresión de los sentimientos más hondos. El ser humano es una prodigiosa arquitectura edificada con tres materiales excelentes: físicos, psicológicos y espirituales. El sexo de consumo vive de espaldas a esta trilogía y exalta la vertiente física, corporal, hasta el hartazgo, olvidando las otras dos. *El resultado no es otro que el empobrecimiento de la sexualidad como lenguaje del amor*, como forma excelsa de mostrar la afectividad, compartiendo lo más privado y personal que uno tiene.[2]

Los medios de comunicación, por un lado, y el cine, por otro, fomentan una y otra vez una sexualidad banal, que lo promete todo sin exigir nada y que la despoja de sus ingredientes más genuinamente humanos. *El afán obsesivo de un placer sexual anónimo lleva a la larga al vacío más absoluto.* Degrada, cosifica, reduce y termina por convertir cualquier relación en un puro contacto sexual, donde se entroniza lo epidérmico y superficial, en la simple pretensión hedonista de *acumular sensaciones placenteras* sin crear relaciones interpersonales auténticas.

La realidad humana es compleja, diversa en sus contenidos y argumentos, pero debe buscar la unidad que enlaza sus distintas parcelas. La sexualidad de usar y tirar es una de las mayores trampas en las que se puede caer, porque engolosina y empuja con su fuerza a ese gozo absolutamente físico, es más, que solo llega a ser genital. Tal es su abaratamiento. Descenso que apunta a la baja.

Descubrir el verdadero sentido de la sexualidad es una tarea propia de padres y educadores. Todos aprendemos y enseñamos, somos discentes y docentes, pero unos más

2. Recomiendo al lector interesado en ampliar estas ideas el libro de M. A. Wilson, *Amor y familia. Guía práctica de educación y sexualidad*, Palabra, Madrid, 1998. (Edición original: *Love and Family. Raising a Traditional Family in a Secular World*, 1997.)

que otros. La televisión, el primer gran comunicador, está bajo mínimos en este campo y repite los mismos mensajes livianos de forma acrítica.

La vida sexual no puede convertirse en algo exclusivamente corporal, porque, como he dicho antes, toca al núcleo más íntimo de la persona. La sexualidad es un bien, y como tal se arremolina y mueve en torno al amor. *Amor y sexualidad deben formar un binomio inseparable*. Esto es exigente, sobre todo teniendo en cuenta algunas cosas y sobreentendidos de los tiempos que corren. Hay que pasar de la cultura de las *cosas* a la de las *personas*; del sexo de usar y tirar a algo más maduro que englobe en su seno lo físico, lo psicológico y lo espiritual. De este modo se puede vivir la donación completa, y en ella la personalidad de cada uno pone sobre el tapete todo lo que aloja en su interior, pero aspirando al mejor desarrollo y armonía. La sexualidad aislada del amor termina por destruir la misma sexualidad, hecha de ganancias fáciles.

Releo a menudo dos libros sabios: *Máximas para una vida feliz*, de Epicuro, y *El Príncipe*, de Maquiavelo. El primero, un griego de la isla de Samos del siglo III a. C., que ejerció su magisterio en el jardín de su casa, defendía que el placer es el principio y el fin de la vida, pero subordinado a un objetivo: aspirar a la tranquilidad de espíritu, la *ataraxia*. El segundo escribe su libro en el siglo XVI y se lo ofrece a Lorenzo de Médicis como un manual del arte del Estado: un texto práctico para lograr el liderazgo que descansa sobre la observación de los hechos de la vida pública y que conduce al pragmatismo y a la eficacia funcional.

La ética epicúrea[3] *es antropológica, mientras que la visión maquiavélica es utilitaria.* Estas dos visiones surgen hoy con sus ramificaciones en el tema de la sexualidad. El marco teórico en el que esta se mueve oscila en muchas ocasiones entre el agnosticismo (en el campo teórico) y el utilitarismo (en el práctico). El primero ignora los segmentos psicológico y espiritual; el segundo entroniza en un pedestal lo útil y fácil, ajustándose a un esquema simple. La conducta es manipulada: se disfruta sin restricciones, a la carta. *El positivismo sexual es un signo típico de una sociedad neurótica que no sabe a dónde se dirige.*

Mucho más que sexualidad animal

Continúo aquí ofreciendo una panorámica de lo que entiendo por una sexualidad sana.

Hay algunas preguntas que se deslizan sobre mi cabeza al adentrarnos en un tema tan importante como este. ¿Se puede hablar de la verdad de la vida sexual o, por el con-

---

3. El humanismo helénico es ese movimiento intelectual que sigue a los tres grandes del pensamiento griego: Sócrates, Platón y Aristóteles. Epicuro nació en Samos y en Atenas fundó la escuela de los llamados «filósofos del jardín», porque celebraban las reuniones en el jardín de su casa. Según él, lo que el hombre busca en la vida es el placer, pero siempre que este conduzca a la *ataraxia*, es decir, a la paz y la serenidad en el orden interior.

Por su parte, los *estoicos* centraban todo en la *virtud*. Su máximo exponente fue Séneca, quien defendía que era preciso *sustine et abstine* («soporta y resiste»). Y los *escépticos* defendían la *apoché*, la suspensión de todo juicio sobre la realidad, ante la compleja malla que teje lo humano.

trario, da lo mismo y lo mejor es vivir de acuerdo a esos cinco criterios de la *cultura light —hedonismo, consumismo, permisividad, relativismo y materialismo—* que destruyen lo más humano del hombre y lo dejan a merced del oleaje del momento?

1. *Hedonismo*. Según este criterio, lo fundamental es *pasarlo bien sin restricciones*. El placer por el placer; disfrutar sin privarse de nada y rebañar todo lo más que se pueda en este campo.

2. *Consumismo*. Hijo directo del anterior, nos lleva a acumular experiencias sexuales. Esto se inscribe en lo que los americanos llaman la *sexual performance*: los récords, las competiciones a ver quién da más y llega más lejos.

3. *Permisividad*. Lo importante es siempre hacer lo que uno quiera, también en el terreno sexual.

4. *Relativismo*. Se desprende del punto anterior. En materia sexual nada es absoluto, sino que todo depende en última instancia del propio punto de vista, de lo que a uno le parezca. Esto se desliza en una desembocadura muy concreta: el escepticismo, la desvalorización del conocimiento, que torna incapaz de acceder a sus cimas más altas.

5. *Materialismo*. El ser humano se va convirtiendo en objeto, en materia; va dejando de ser *alguien* para ser *algo*. Y ese vértigo de sensaciones placenteras tiene un tono devorador.

Todos estos aspectos forman un mosaico que, al irse instalando en el interior de la persona, la vuelve ligera, liviana, sin norte, con una marcada ausencia de remitente y de referente. Al reducir la sexualidad a un bien de consumo, a una especie de oferta de entretenimiento para pasar el rato y nada más, se cae en el *intercambio de cuerpos*, una unión interesada que poco o nada tiene que ver con el amor y los sentimientos. Esta *falsificación del encuentro interpersonal*, este acelerado y veloz principio de una *libertad sin fronteras ni cortapisas* es pura demagogia, y al ponerse de espaldas a toda norma acaba sometiéndose a la peor de las servidumbres. El envilecimiento ciega; por ello no podemos descubrir el paisaje que se oculta detrás de una sexualidad psicológicamente sana, construida sobre el amor y los sentimientos, el compromiso y la búsqueda del bien propio y del otro.

La entrega íntima tiene una excelencia y superioridad que no puede quedarse tan solo en la satisfacción del orgasmo. *La sexualidad del ser humano es mucho más que la sexualidad animal.* No puede ser un simple juguete para divertirse, pasarlo bien y nada más. Qué duda cabe: el sexo tiene un fondo lúdico, de placer intenso, pero la visión antropológica va más allá de su consideración como objeto. ¿Dónde está la clave? Pues en *integrar la sexualidad en el conjunto de la persona* para llegar a un *concepto totalizador del hombre*. Si la sexualidad no es totalizadora, cada una de sus parcelas va por libre y no tiene conexiones con las demás. *El arte de ensamblar significa unir, asociar, entrelazar, formar un conjunto*. Captar el valor de la sexualidad es hablar del amor como lo debe hacer el ser humano.

¿Se puede hablar de la verdad de la vida sexual?

La palabra *verdad* tiene tres usos que reflejan las tres lenguas que más han influido en la formación de la mentalidad europea: *aleteia* en griego, *veritas* en latín y *emunah* en hebreo.

Aleteia hace referencia a lo que es patente, manifiesto, y aquello por lo que se desvela lo que es esa realidad. Se refiere sobre todo al *presente*: la actualidad e inmediatez, hoy y ahora, lo que impera de forma efectiva.

Veritas procede de *verum* y alude a lo que es fiel, exacto y completo. Late en este término la noción de totalidad, que nos lleva hacia el *pasado*, lo que ya existió o fue.

Emunah procede de la raíz judía *amén* («así sea») y se refiere a la confianza que se puede tener, por ejemplo, en aquella persona que promete algo y es capaz de cumplirlo; esto es, algo que va avanzando hasta su realización final. Tiene, pues, unas notas esencialmente *futuras*.

En cada cosa o persona existe una jerarquía de verdades. *La verdad ilumina la inteligencia y dilata la libertad*. La verdad sobre la sexualidad descansa en dos principios esenciales: debe ser *el idioma del amor*, modo de expresión de los sentimientos y afectos, y *la forma de encuentro profundo y comprometido, lleno de intensidad, misterio y placer*.

En una sociedad desorientada como la nuestra, hay mucha gente perdida que debe intentar *encontrarse a sí misma* para alcanzar un cierto equilibrio psicológico. Cuando sexo y amor van unidos, esa relación *se enriquece*; cuando van separados, *se empobrece*.

El caballo no puede dejar de ser caballo, pero el hombre puede dejar de ser persona y convertirse en animal. Si se invierten los hechos, si se altera la conducta, tiene lugar el *placer sin alegría* y el *bienestar sin felicidad*. Porque la alegría y la felicidad fáciles, sensibleras, demagógicas en una cuestión tan relevante como la sexualidad, acaban volviéndose contra uno como un *boomerang*.

En la civilización de las cosas y no de las personas, los términos se invierten y *las personas se usan como si fueran cosas*. Entonces el sexo de usar y tirar, epidérmico, *light*, ajeno a cualquier cauce humanístico, *se convierte en un tirano* y acaba sometiéndonos a la peor de las servidumbres. Coloca las sensaciones de placer y orgasmo en la cima de la conducta, como el no va más del bienestar del cuerpo, de manera rápida, «a la carta» y sin compromiso. Pero el sexo así entendido, hecho con materiales de derribo, no nos permitirá llegar muy lejos si se pretende construir una pareja sólida y duradera.

Estamos en la era de la levedad. Parece como si muchos de los temas más sólidos se desvanecieran en el aire. Vivimos en una etapa que yo llamaría de *enfermedad de los vínculos*. En medio de la crisis reinante, en ese no saber a qué atenerse, aflora un nuevo ideal, voluble y trivial: no vincularse seriamente a nada. Así, se aligera de peso la existencia y se convierte en algo vago, impreciso, ambiguo, de perfiles borrosos, en la que todo vale con tal de que te apetezca o te parezca bien. Surgen así modelos de comportamiento aberrantes.

En los siguientes puntos dejo expuesto, con el fin de

amarrar los conceptos huidizos, lo que entiendo como verdad sobre la sexualidad:

1. La sexualidad no puede quedar reducida a algo puramente corporal o *biológico*, sino que debe contar con los planos *psicológico* y *espiritual*. Esa amputación da lugar a un sexo *cuerpo a cuerpo*. Una cultura obsesionada con el sexo es una cultura psicológicamente enferma.

2. *La sexualidad mira al núcleo más íntimo de la persona*, de ahí que su banalización y cosificación tienda a convertir al ser humano en animal. Se vuelve madura, personal y auténtica cuando está integrada en una relación de *persona a persona*, de donación recíproca, a fondo y sin límites. Esta es la aspiración, la meta, el punto de mira. Y así se entiende la importancia de *saber guardar el corazón* cuando está comprometido, de disciplinar los sentidos y las pasiones para lograr el autodominio de la afectividad.

3. Una sexualidad sana hace a la persona más libre y valiosa, porque la llena de sentido y la orienta hacia una vida más plena, rica y auténtica. Se dan, entonces, dos hechos claves: *la capacidad para encontrarse de verdad con alguien y la no instrumentalización del otro como puro objeto de placer*. Es decir, se fomenta el descubrimiento del otro, un reducto lleno de misterio, generosidad, alegría y comprensión.

4. *La educación sexual no es otra cosa que enseñar a gobernar los sentimientos*. La vocación fundamental del ser humano es el amor, que significa cuidar y respetar a la otra persona, buscando lo mejor para ella.

Hoy somos bastante expertos en tecnología de las más

diversas ramas, pero analfabetos en temas humanos. Hay mucha demagogia y bastante ignorancia en esta búsqueda de la verdad. Como decía Bertolt Brecht, «o digo la verdad, o mejoro la hipocresía».

capítulo cinco

Sobre la inteligencia, el pensamiento y la afectividad

Los espacios de la inteligencia

Las dos herramientas más características de la psicología humana son la inteligencia y la afectividad. Hay muchos más componentes (sensopercepción, memoria, pensamiento, conciencia, vida activa...), pero estos dos constituyen los ejes decisivos alrededor de los cuales se arremolinan las principales estructuras de la psicología humana. El hombre es un animal vertebrado de corazón y cabeza. Cuando nos adentramos en la personalidad de alguien, lo que hacemos es situarlo dentro de estas dos geografías y ver hacia dónde está más escorado.

La afectividad es el modo en el que somos afectados por las circunstancias de nuestro alrededor. Se trata de un cambio que se opera en el interior de nosotros mismos y que se manifiesta en cuatro elementos esenciales: *sentimientos, emociones, pasiones y motivaciones*. Cada uno tiene su propia geografía, aunque comparten territorios comunes, lo que hace que una delimitación demasiado precisa sea artificiosa y académica en exceso. Pero *la vía regia de la afectividad se expresa a través de los sentimientos*, el modo más habitual y frecuente de mostrarse. Podemos definir los sentimientos como aquellos estados subjetivos, privados, de tonalidad positiva o negativa, que nos llevan a acercarnos o alejarnos de algo o alguien, a aproximarnos o a rechazarlos. La oceanografía de los sentimientos es un mar sin orillas, interminable y repleto de oleajes.

¿Qué es la inteligencia? ¿En qué consiste? ¿Cómo sabemos que estamos ante una persona inteligente? En cualquier libro de psicología y psiquiatría podemos encontrar múltiples definiciones, tantas como ángulos desde donde analizar el tema. Por eso, como veremos más adelante, es preciso establecer una clasificación de los distintos tipos de inteligencia según las distintas habilidades.

La inteligencia es *aquella capacidad mediante la cual un conjunto de estímulos diversos se reúnen y dan lugar a una conducta positiva, que se adapta a la realidad y que es beneficiosa para ese sujeto como animal individual y social*. Hay en esta primera aproximación dos ideas básicas:

1. Capacidad para aprender con la experiencia.
2. Comportamiento adecuado que se inserta en la realidad.

Pero hay que señalar que el concepto de inteligencia tiene unos perfiles borrosos, contrariamente a lo que se pueda pensar a primera vista. La historia de la psicología de la inteligencia es muy interesante. Fue Spearman, a principios de siglo, quien diseñó dos modelos de inteligencia:

uno *monárquico*, centrado en un «factor G», de inteligencia global, como capacidad heredada; el otro *oligárquico*, compuesto por diversos «factores S», que no son otra cosa que habilidades específicas. Esta teoría bifactorial se basa en la facilidad para establecer relaciones simples y complejas. Poco antes, Stern había establecido el concepto de *cociente intelectual*, que se consigue dividiendo la edad mental por la edad cronológica y multiplicando su resultado por cien. Este autor definió la inteligencia como la capacidad para resolver los problemas de la vida de forma adecuada, productiva e independiente. Los nombres de Binet-Simon y Terman-Merrill constituyen parte de la historia de esta materia, con dos test ya clásicos.

De lo anterior cabe concluir que una persona es inteligente cuando es capaz de tener una correcta percepción de la experiencia, sabe captar las muchas relaciones que el hombre establece con el entorno y tiene visión de futuro.

Poco después, en 1938, otro investigador llamado Thurstone se interesó vivamente por las diferencias individuales de unos sujetos y otros. Rechazó la tesis de un factor general y aisló *siete habilidades mentales esenciales*: comprensión verbal, fluidez para hablar, habilidad numérica, capacidad de visualización espacial, memoria, razonamiento y rapidez de percepción. Por su parte, Guilford (1959) aplicó el análisis factorial de tipo matemático a un modelo tridimensional de estructura cúbica: la *forma* de pensar, el *contenido* y los *productos* o resultados de las dos anteriores. Este consta de ciento cincuenta factores de inteligencia con influencia recíproca.

Más tarde, Cattell y Horn (1967) distinguieron dos clases de inteligencia: una llamada *fluida*, es decir, aquella que facilita las tareas para descubrir las relaciones entre conceptos, razones, argumentos y temas abstractos; la otra, denominada *cristalizada*, incluye la capacidad para utilizar informaciones ricas y complejas, como la educación y la cultura, que nos ayudan a entender el mundo en el que vivimos, emitir juicios correctos y resolver problemas.

Pero el enfoque más moderno sobre el tema se debe al americano Robert Sternberg,[1] de la Universidad de Yale. Su trabajo de investigación se centra en el *modelo del ordenador*, según el cual la inteligencia es el arte de saber procesar de forma adecuada la información que llega a través de los distintos estímulos, su codificación y almacenamiento y la facilidad para que la resultante sea la mejor posible. Dicho de un modo más preciso, la inteligencia es la capacidad de acumular y elaborar la información que se ha ido recibiendo y dar respuestas eficaces y positivas para que la conducta sea la mejor posible. Esta *teoría de la elaboración de la información* también se denomina *cognitiva*. La unidad de análisis es una operación psicológica que se lleva a cabo mediante representaciones mentales y que es capaz de seleccionar e integrar todo el material acumulado facilitando los procesos de razonamiento.

---

1. Se trata de uno de los expertos más reconocidos sobre el tema de la inteligencia. Sus investigaciones le llevaron a diseñar la *teoría triárquica de la inteligencia*.

Tipos de inteligencia

Si definimos la inteligencia en pocas palabras, podemos decir que es *capacidad de síntesis*. Es saber distinguir lo accesorio de lo fundamental; tener facilidad para resolver un problema nuevo que se presenta de improviso y capacidad de comprensión lógica para captar la riqueza y diversidad de elementos que se conjugan en una realidad; saber penetrar en la realidad y entenderla en su complejidad; aprender de la experiencia y sacar de ella lo mejor de uno mismo; comprender el texto y el contexto que nos envuelve, dando la mejor visión personal según las circunstancias.

También *la inteligencia es conocimiento poseído*: mecanismo por el cual un conjunto complejo de estímulos son agrupados y dan como efecto un modo unificado y coherente de comportamiento.

Se vea desde el ángulo que se vea, la inteligencia es un fenómeno esencial que define al hombre y lo eleva por encima del animal. Por eso es capacidad de aprendizaje y de aptitud para desarrollar estrategias que ofrezcan el mejor resultado posible. Lo que es evidente es que se trata de un tema en apariencia fácil con muchas ramificaciones, vertientes y laderas. Cabe destacar dos teorías fundamentales: la *hereditaria*, según la cual la inteligencia tiene un fuerte condicionamiento genético, y la *ambientalista*, que afirma que lo más importante es el entorno en el cual esa persona se desarrolla. Nosotros buscamos un punto intermedio, que conjuga ambas visiones: lo innato y lo adquirido.

A continuación voy a intentar resumir los distintos tipos de inteligencia:

1. *Inteligencia teórica*: es la capacidad para moverse en el terreno abstracto, conjugar conceptos y adentrarse en la selva pantanosa de las ideas, los juicios y los raciocinios. Este juego de palancas opera con los matices arborescentes de los hechos y busca el rigor del pensamiento. Es, por ejemplo, la inteligencia del intelectual.

2. *Inteligencia práctica*: es la facultad para resolver problemas y dificultades de orden operativo. Se mueve mediante esquemas de conducta y su eficiencia es directa, casi se dispara como un arco reflejo. Es la inteligencia del hombre de acción. A diferencia de la anterior, es una inteligencia más imaginativa y extensa, pero también más superficial.

3. *Inteligencia social*: es la capacidad para moverse en el terreno de las relaciones interpersonales. Su gramática, precisa y concreta, facilita el contacto humano. Es, por ejemplo, la inteligencia típica de un relaciones públicas.

4. *Inteligencia espontánea y provocada*: la primera es aquella que se despliega sin ser necesario ningún estímulo exterior; se pone en marcha como si se tratara de un juego de habilidades y aptitudes que están prontas a funcionar. A la segunda le sucede justamente lo contrario: ofrece su mejor rendimiento cuando alguna presión extra le sirve de acicate y aliento. Aquí tenemos el ejemplo de las personas que valen para un debate televisivo o para ser buenos parlamentarios.

5. *Inteligencia analítica y sintética*: la primera trata de escudriñar los problemas, pero separando, distinguiendo, puntualizando los perfiles que estos presentan; la segunda consigue resumir apretadamente, de forma abreviada y es-

quemática, las características de un fenómeno, hecho, situación o persona.

6. *Inteligencia analógica y metódica*: la primera es aquella capaz de recurrir a una imagen metafórica mediante la similitud o la equivalencia; el símil sirve de puente para homologar el relato. La segunda sigue los cánones del método hipotético-deductivo que rige en el pensamiento lógico-reaccional: inducción → deducción → verificación de las hipótesis de trabajo. En el primer caso, el mejor ejemplo es el del escritor con facilidad de pluma; en el segundo, el del investigador.

7. *Inteligencia discursiva*: es aquella que se manifiesta mediante la facilidad para expresarse en un lenguaje capaz, suficiente, bien trazado y con recursos adecuados para bucear en las ideas dándoles a éstas maneras y modos ricos y diversos para transmitir conceptos. Todos hemos conocido gente que escribe con soltura y que a la hora de hablar en público la pierde.

8. *Inteligencia matemática*: es la facultad para captar el mundo y relatarlo en lenguaje cuantitativo. Hoy la ciencia tiene en la estadística una apoyatura esencial.

9. *Inteligencia emocional*: es un libro americano que se ha convertido en un auténtico éxito de ventas, Daniel Goleman defiende que aquellas personas que tienen desarrollada esta modalidad de inteligencia son capaces de expresar sentimientos, conocerlos, saber sus recodos, para qué sirven, cómo se mejoran, así como mantener una relación afectiva estable y duradera. Yo creo que en las últimas décadas se ha desarrollado en Occidente un verdadero analfabetismo sentimental, sobre todo en el hombre, que des-

conoce casi por completo esta materia. Así se explican muchas de las rupturas conyugales que tienen lugar entre personas que, por otro lado, manejan bien su vida profesional e incluso cultural; personas que solo se preocupan de adquirir algunos conocimientos en el terreno amoroso cuando ya han vivido una ruptura de pareja.

10. *Inteligencia instrumental*: tiene una importancia decisiva, aunque hoy brilla por su ausencia. Se trata de unas cuantas herramientas que capacitan para ir a más en cualquier campo: si estas se cuidan, se producen grandes progresos; si se descuidan, se va produciendo un descenso gradual que suele llevar a situaciones grotescas, sobre todo cuando se sabe que existe un buen coeficiente intelectual pero se desaprovecha olímpicamente por la ausencia de estos ingredientes. ¿Cuáles son estos instrumentos? Yo destacaría especialmente cinco: *orden, constancia, voluntad, motivación y alegría por el esfuerzo de mejorarse*. En otras palabras, una persona que tiene orden, constancia y voluntad llega en la vida más lejos que una persona inteligente; consigue que sus sueños se hagan realidad.

La palabra *inteligencia* procede de los términos latinos *intus* y *legere* («leer dentro»); también de *intelligens* («el que entiende»). *Legere* puede ser traducido también por coger, escoger, apresar, aprehender. Cuando hay buena cabeza una persona selecciona, anticipa, previene, es capaz de asociar ideas y conocimientos diversos, pero sobre todo ofrece la mejor conducta posible que extrae de su arsenal privado, de sus archivos secretos acumulados.

Si el gran maestro es el tiempo, el mejor profesor es la

experiencia. Hay que buscar la inteligencia para la vida: sabiduría para sacarle el máximo partido según nuestras posibilidades, ensamblando creatividad y libertad.[2]

Todos estos tipos de inteligencia no serían nada si uno no llega a alcanzar una especie de *inteligente modo de vivir*. Cuatro son los principales argumentos de la existencia: la *propia personalidad*, el *amor*, la *vida profesional* y la *cultura*. Forman un ingenioso sistema de intenciones en el que cada ser humano se retrata día a día, y facilitan el vivir con una clara orientación: *saber hacia dónde uno va, tener claras las metas y desviarse lo menos posible de la ruta trazada*. La exploración de cada uno de esos segmentos baja al descubierto *la administración inteligente de la vida personal*.

Un aviso para aquellos que salen de la ruta: *un error frecuente es confundir inteligencia con razón*. Son cosas distintas. La segunda es una parcela específica de la primera. Hay mucha gente inteligente que no sabe vivir de forma adecuada y, por tanto, no se acerca a la verdadera felicidad (estar contento con uno mismo y ser coherente con el proyecto de vida que uno diseñó). Porque *la inteli-*

---

2. La generación que fue surgiendo a principios del siglo XX vivió un exceso de *fe en la razón* que ya se había iniciado en la Ilustración (siglo XVIII). Basta abrir el *Discurso del método* de Descartes para certificarlo. Hoy sabemos que tan específica y esencial como la inteligencia es la afectividad.

La empresa de vivir no descansa sobre el entusiasmo científico, ni la razón fría ni el mito del progreso indefinido, sino en la buena articulación de las razones y los sentimientos, enhebrados por la espiritualidad.

gencia, a nivel general, es saber dirigir la propia trayectoria hacia lo mejor; es ingenio para saber hacerse preguntas sobre uno mismo y su entorno; y también es buscar factores de corrección cuando sean necesarios. Por ello suele afirmarse que la inteligencia consiste más en el arte de preguntar que en el de encontrar respuestas.

El ser humano es un animal que razona y tiene sentimientos superficiales, profundos y biográficos. Tiene un mundo interior densamente poblado, en el que se van descubriendo redes de relaciones complejas que forman la urdimbre de la vida de cada uno. También la inteligencia necesita maduración y ser ilustrada.

Dar respuestas adecuadas a la realidad circundante es tener capacidad inteligente, lo que lleva a una conducta positiva, adaptada al medio,[3] que incluso puede superarse con creces.

Muy relacionado con lo que antes he dicho está el *enseñar a pensar*, tarea en la que entran en juego muchos componentes, pero que se edifica sobre un catálogo de agentes que van en la siguiente línea: desarrollar el espíritu crítico, buscar la trilogía tesis → antítesis → síntesis, manejar criterios lógico-racionales, saber hilvanar una buena asociación de ideas, y utilizar de forma correcta la percepción, la memoria y toda la información archivada.

3. Si el medio es neurótico, enfermizo, esta fórmula se invierte y entonces lo sano es no adaptarse a esa sociedad que está mal psicológicamente. El tema nos llevaría muy lejos, pero solo quiero dejar apuntada aquí esta observación.

El lenguaje del pensamiento

¿Qué es el pensamiento, en qué consiste, cómo funciona? Se trata, en resumidas cuentas, de uno de los elementos más decisivos del hombre, de una actividad superior de la inteligencia mediante la cual fabricamos conceptos, juicios, raciocinios y esquemas mentales.

Pensar es reflexionar, examinar cuidadosamente algo para llegar a cierta conclusión, mediante un ejercicio en el que discurren las distintas vertientes de un tema. Es una facultad que diferencia al hombre del animal. *Enseñar a pensar es una de las principales tareas de la educación intelectual*, porque constituye una destreza que requiere oficio, asociación de ideas, conciencia de la cuestión a debatir y, por supuesto, habilidad para combatir argumentos y abrirse paso entre masas de hechos, buscando la síntesis, lo mejor.

Son muchos los factores que aquí entran en juego. La percepción de las relaciones de los acontecimientos y los conceptos; la atención; el saber ordenar la información recibida, clasificándola de la mejor manera posible; el entrenamiento de la memoria... Todo esto nos ayuda a evaluar prioridades, ampliar la exploración por territorios vecinos y elaborar juicios que aterrizan en decisiones acertadas.

El pensamiento es una destreza que se desarrolla gradualmente, mediante la articulación y el ensamblaje de hábitos, conjugando elementos de aquí y de allá. La brillantez de los mismos descansa en la cultura: una persona culta es más libre, tiene más conocimientos y sabe apoyarse sobre bases sólidas. En cambio, el que está pegado permanentemente a la televisión, queda huérfano de ella, movido y trajinado por los tópicos y lugares comunes.

Pues bien, nuestro pensamiento se acompaña de forma subliminal de un lenguaje interior, soterrado, subconsciente, camuflado, que nos acompaña de continuo sin que nos demos cuenta, como la sombra del cuerpo. Son frases, palabras y expresiones que circulan rodeando y envolviendo las ideas.

Tener una mejor comprensión de la mente humana permite desplegar nuestra capacidad mental y aumentar nuestra captación de la realidad. Desde hace ya algunos años ha ido creciendo una rama de la psicología, denominada *Psicología cognitiva*, que toma como modelo el ordenador: nuestra cabeza funciona al igual que un computador; la mente es un microcomputador que recibe información desde el exterior (*inputs*), procesa los datos recibidos y organiza una serie de leyes para su mejor almacenamiento (*procesamiento de la información*) y da lugar después a unos registros de salida (*outputs*) que forman la conducta subsiguiente. Mediante estos mecanismos, todas las percepciones y sensaciones que nos van llegando son transformadas, reducidas, elaboradas, almacenadas, recobradas y usadas para mejorar nuestra conducta y hacerla más positiva.

Toda experiencia —neutra, positiva o negativa— se acompaña de un discurso privado que se cuela por los entresijos de la vivencia. Para un psiquiatra es importante sondear este discurso, ya que muchos sentimientos y emociones arrancan de un inadecuado lenguaje íntimo que, en forma de mensajes alarmantes, crece en nuestro interior y va anticipando malos presagios. Recuerden ustedes lo que he comentado respecto a la ansiedad: *la anticipación de lo peor está montada sobre mensajes llenos de miedo, difusos, desdibujados y repletos de inquietud.*

Cada lenguaje del pensamiento tiene su propia demarcación, pero todos se pasean por nuestra mente «como Pedro por su casa». Es necesario saber de ellos para evitar que nos jueguen malas pasadas. Entre ellos se establece una tupida red de conexiones e interrelaciones ricas y frondosas.

Mapa de los sentimientos

La geografía de la afectividad tiene cuatro distritos principales: los *sentimientos*, las *emociones*, las *pasiones* y las *motivaciones*. El corazón, la vía normal por la que circula lo afectivo, es el sentimiento. La amistad sería uno de los principales exponentes, como también las relaciones afectivas sólidas, de años y con raíces. La emoción, por el contrario, no es tan usual, ya que asoma cuando alguien vibra con algunas experiencias singulares. Se expresa físicamente como miedo, ansiedad, crisis de pánico, alegría desbordante por haber conseguido algo que se ha perseguido durante años... En un grado mayor, situamos la pasión: tiene al menos la misma intensidad que la emoción, pero el tema, el contenido de que se trata, embarga tanto que lleva frecuentemente a borrar o a desdibujar la acción de la razón. Su etimología latina, *passio, -nis*, procedente a su vez de *pati*, significa padecimiento o ánimo que perturba la razón. La intensidad arrastra al acceso, al arranque, a vivir esa circunstancia con ardor y vehemencia. La inteligencia se retira a un segundo plano,[4] junto con el conocimiento y el juicio. Aristóteles decía que las pasiones eran una de las cuatro primordiales categorías vitales, y las contraponía a las que conducen a la acción.

Es, pues, una modificación intensa y de cierta permanencia de la afectividad, que puede llegar a acompañarse de descargas vegetativas y conducir a la alteración, cuyo sentido etimológico significa *acción del otro*. Esta conducta, dirigida desde ese origen exterior que comporta una sacudida, rompe la forma habitual que tiene uno de ser. Esta variante psicológica, llevada al terreno del amor conyugal, si no se la embrida a tiempo puede tener unas consecuencias muy negativas, llegando incluso a romper la línea biográfica, como una mueca que se desdice de la propia trayectoria.

La cuarta vía de aproximación a la afectividad es la *motivación*: todo aquello que es capaz de empujar la existencia hacia delante, aunque la meta esté lejana, no se vea o se haya perdido la perspectiva y el camino por donde encontrarla. La psicología moderna tiene aquí un fuerte punto de apoyo para explicar el porqué de muchas conductas.

Al bucear en la vida privada nos topamos con varios re-

4. Nunca se retira del todo. Según los momentos, juega en primer o segundo plano, o sirve de telón de fondo que todo lo salpica. La inteligencia significa siempre una fantástica dilatación del horizonte para saber gestionar la vida personal hacia su mejor realización.

gistros que miden el perímetro de la afectividad y que nos van a poner sobre el tapete lo que está sucediendo:

1. *Intensidad y duración*: la primera característica habla de la fuerza expresiva interior y expresa lo cualitativo; la otra se refiere al tiempo transcurrido en la vivencia, lo cuantitativo.
2. *Frecuencia*: hace referencia al número de veces que puede contabilizarse dicha vivencia. Siempre la primera vez, por su carácter de novedad, tiene un significado especial, diferente tras la repetición, aunque se modifiquen algunos matices.
3. *Respuesta*: alude a la relación estímulo-respuesta, a la reacción posterior, que también en el mundo sentimental puede ser medida, pesada y cuantificada en términos matemáticos. Hoy la psiquiatría cuenta con instrumentos de medida para los más diversos estados de ánimo: escalas de evaluación conductual para la depresión, la ansiedad, las fobias, los temores, la felicidad... Generalmente se trata de preguntas muy concretas, con cuatro opciones de respuesta diferentes en su intensidad, que formula el médico-psiquiatra, el psicólogo o alguien del equipo que realiza ese estudio psicológico.
4. *Lenguaje verbal y no verbal subsiguiente*: son dos manifestaciones de conducta muy interesantes. Lo que se dice y se expresa hablando, así como lo que se manifiesta a través de los gestos faciales, las manos y el cuerpo como retrato y reflejo. En la psiquiatría moderna se puede también recoger todo esto mediante un inventario operativo que cuantifica lo cualitativo.

5. *Ángulo cognitivo*: dado que nuestra mente de alguna manera funciona como un ordenador —que recibe información (*input*), la procesa, ordena, almacena y clasifica y posteriormente produce unas señales de salida (*output*)—, la psicología cognitiva estudia cómo se procesa la información que se recibe mediante unas leyes y principios que guardan las imágenes, en la memoria reciente y antigua. Además, hay que mencionar las leyes del olvido, la asociación de ideas, la atención, el pensamiento, la comprensión lógica, las fórmulas del razonamiento... Toda esta tela de araña constituye un mosaico rico y frondoso que nos lleva a explorar científicamente la afectividad y su geografía. *El mundo de los sentimientos es un pozo sin fondo en donde es menester saber orientarse para poner orden y concierto en su cartografía.*

La incapacidad para expresar sentimientos

Hay un trastorno psicológico referido a la afectividad que recibe el nombre de *alexitimia* y que se define como *incapacidad o dificultad grave para expresar sentimientos*. Fue descrito en 1972 por el doctor Peter Sifneos, profesor de Psiquiatría de la Universidad de Harvard. Dicho perfil está presidido por las siguientes manifestaciones: persona fría, distante, correcta en el trato, pero desprovista de afecto, con graves problemas para mostrarse cariñosa, cordial, tierna; es cortante, poco sensible, y difícilmente atiende esa enorme parcela que se refiere al cuidado en el trato emotivo con el otro.

La convivencia con una persona así resulta imposible con el paso del tiempo, puesto que carece de habilidad para ensayar lo que hoy se conoce como *inteligencia emocional*: la capacidad para aunar en una misma ecuación cabeza y corazón, inteligencia y vida afectiva. No se trata de alguien que no siente, sino que, al ser muy poco expresivo, nunca se sabe lo que piensa y sus exteriorizaciones son tan mínimas que quedan reducidas a lo justo: el saludo, la despedida, la frase correcta pero rayando con la aridez y la descortesía.

Los psiquiatras somos especialistas en humanidad, pero a veces utilizamos la *técnica del iglú*: ponemos unos cubitos de hielo en todas las vivencias a las que asistimos como espectadores de primera fila. Enfriamos los hechos. Buscamos distanciarnos para encontrar la posición más adecuada, ni muy cerca (porque no tenemos perspectiva) ni muy lejos (porque no hay empatía). El hombre maduro se sitúa en la lejanía y en la proximidad, pero va buscando la distancia justa. Congela y calienta. Sabe que es malo magnificar, pero también conoce el error que es quitarle importancia a todo y reducirlo a datos.

No tener palabras para los sentimientos es una carencia que se paga cara a la larga. El resultado suele ser la ruptura en el trato. Es imposible mantener una amistad, una vida conyugal o un círculo cercano al que te unen unos vínculos entrañables si no puedes expresar con palabras aquello que está sucediendo dentro de ti. Por el contrario, si puedes manifestarlo, tienes mucho terreno ganado, pues alcanzarás la meta de una afectividad madura y bien estructurada.

François Furet, en su libro *El hombre romántico*, señala cómo en la etapa que sigue a la Revolución francesa (1789) hay un giro en la concepción de la vida. Se deja de lado el racionalismo de la Ilustración, que entroniza la razón, para transitar otros parajes más cálidos y sutiles en los que sí se exterioriza el amor y asoma con fuerza la turbulencia de las pasiones.

En el descuido de los sentimientos ha tenido mucho que ver, como apuntábamos antes, la falta de educación afectiva, que queda patente en expresiones como «los hombres no lloran» o «los hombres no se expresan y se dominan». Esos vientos han traído estas tempestades. Por eso, la *alexitimia es un trastorno que se observa más en el hombre y que termina por hacer imposible la convivencia.*

La mujer ha sido siempre, y sigue siéndolo, mucho más afectiva, entre otras cosas porque en nuestra cultura ella es la portadora y transmisora de los valores que se arremolinan en torno a ese concepto.

Desde los noventa se está disolviendo ese remolino agónico de cifrarlo todo en la inteligencia pura y fría, que sirve sobre todo para ganar dinero. Hoy se han reagrupado las ideas y empezamos a valorar más esta propuesta sentimental. Menospreciar esto es un error que afecta a toda la psicología. Y si no, echemos una ojeada a las estadísticas más recientes sobre rupturas conyugales en los países ricos, industrializados y que prácticamente lo tienen todo.

La inteligencia debe estar al servicio de la vida personal, como he dicho en las páginas que preceden. Es la capacidad para darle la vuelta a los argumentos y reveses. Si no es así, esa fórmula de inteligencia no me vale, no me convence. Si la vida está surcada de conflictos por resolver, la conducta inteligente mezcla talento y conocimiento, ingenio e ilustración, capacidad computacional y formación. Operación subjetiva, personal e intransferible para gobernarse uno y capitalizar todo lo que se ha ido alojando en la caja negra del cuarto de máquinas del comportamiento.

Para amar a otro hay que olvidarse un poco de uno mismo; para amar al cónyuge hay que saber decirle que se le quiere del mejor modo posible, con realismo y esfuerzo, con suavidad y ternura, con buenas palabras y gestos positivos. Quien no entienda esto tiene un serio vacío en su personalidad y se está invalidando para empresas humanas ligadas a la cordialidad.

La estabilidad emocional

Uno de los indicadores más certeros de *salud mental* es la estabilidad emocional. Esta puede definirse como aquel estado de ánimo que mantiene una cierta permanencia, tanto en tiempos breves (a lo largo del día y de la semana) como más largos (semanas y meses). Es duradero el modo de sentirse uno consigo mismo.

Cabe distinguir la *estabilidad emocional psicológica* y la *estabilidad emocional biológica*. La primera está condicionada por *motivos* más o menos concretos relacionados con la respuesta que tenemos ante los hechos que nos suceden. Cuando le decimos a alguien «comprendo que estás triste», damos a entender que hay una *relación de sentido* que nos permite entender ese cambio negativo en el ánimo. La otra modalidad obedece a *causas* neurobioquímicas: desajustes y modificaciones en las sustancias que regulan y coordinan la actividad de las neuronas.

A continuación me referiré solo a la primera.

¿Por qué se producen esos cambios? ¿Qué está pasando en el patrimonio psicológico de cada uno para que, de pronto, una persona se venga abajo y se desmorone, sin que realmente por fuerza exista motivo para ello? Entramos en un capítulo apasionante de la psicología que es el *cuarto de máquinas de la conducta*, donde esta se cuece y se pone en marcha.

Vaya por delante que las personas *marcadamente* inestables, aquellas que suben y bajan con demasiada frecuencia, pasan de estar más o menos bien a la melancolía y a sentirse invadidas por pensamientos tristes y pesimistas. Es como si el edificio personal se agrietara de pronto y sus brechas amenazaran con llevárselo todo por delante. El horizonte es sombrío, y el individuo se pone en guardia, al acecho, porque no sabe con qué se va a encontrar. Es un estado de ánimo que recuerda al clima del norte de España en verano: cuando asoma el sol, no las tiene uno todas consigo, pues en cualquier momento puede producirse un giro copernicano y empezar a llover. En las zonas mediterráneas, por contra, el clima es firme, arraigado y bastante fijo.

Por lo general, estas oscilaciones en las personas son debidas a un mal procesamiento de los estímulos externos e internos.

Como antes he afirmado, el concepto de estabilidad emocional es uno de los más relevantes indicadores de madurez de la personalidad. Ahora quiero ocuparme de la psicología de este fenómeno.

Hay tres factores que son especialmente importantes a la hora de estudiar por qué una persona cambia tanto de ánimo y, sobre todo, por qué estas modificaciones se producen de forma rápida, súbita, inesperada, en ocasiones vertiginosa. Ello obliga al psiquiatra y al psicólogo a bucear en la intimidad del otro, para saber qué es realmente lo que está sucediendo. Vamos a ver cada uno de estos agentes con cierto detalle:

1. *Estímulos externos*: son aquellos que proceden de fuera del sujeto e inciden sobre su estado de ánimo bien por la sorpresa que suponen, por el tema que tratan o porque hacen diana en alguna cuestión íntima que rompe momentáneamente el equilibrio existente y obliga a un cierto replanteamiento personal. Hay que subrayar que, por lo general, no se trata de cosas grandes, serias, de envergadura, sino de pequeñas menudencias que trastocan la armonía personal y abren una grieta por la que se cuelan las interrogaciones difusas y concretas, dispersas y específicas, que producen un cierto bloqueo expectante.

Pongamos un ejemplo. Me cuenta una joven médico, antigua alumna mía de la facultad de la Universidad Complutense, que una compañera suya de curso, con la que se ha encontrado casualmente, le he comentado que está saliendo con un chico estupendo: ingeniero, un par de años mayor que ella, con el que sintoniza bastante bien y del que se está enamorando. La chica que yo conozco —bastante sana psicológicamente y con escasas dosis de envidia (la fisiológica, diría yo)— se quedó pensativa tras el encuentro, que suscitó en ella este monólogo: «¿Y yo, cuándo encontraré un chico que me llene..., será ese un tema imposible para mí..., no podré algún día tener mi vida afectiva resuelta, con alguien con el que me lleve bien y pueda compartirlo todo?». Estas y otras preguntas circularon por su cabeza. Pasó unos días malos, baja de tono, entre melancólica, inquieta y pesimista.

Este tipo de incitaciones pueden ser a la larga muy ricas y variadas, pero casi siempre tienen esa nota brusca, sorpresiva y de fondo inquietante para el mundo y el mapa personal.

2. *Estímulos internos*: se dan preferentemente en personas tímidas, retraídas, introvertidas, que viven más hacia dentro que hacia fuera. Su principal característica es la *procedencia*: los estímulos vienen de dentro, del arsenal biográfico acumulado y de tantas experiencias como se hospedan en el fondo de uno mismo y que de pronto se ponen de pie y entran por uno de los pasillos de nuestra cabeza, horadando la superficie y buscando el centro donde se estructura la conducta.

¿Por qué se producen, cuáles son las formas de entrada, qué debe suceder para que este dispositivo se ponga en marcha y origine tal cascada negativa que conduce a venirse abajo y a verlo todo gris primero, oscuro más tarde y negro finalmente? La respuesta hay que verificarla en relación con los hechos concretos de la vida de cada uno, que en un momento determinado la desarbolan y empujan con su fuerte viento hacia el pesimismo. El ángulo desde el que se contemplan las cosas de uno es el peor. *Existe una distorsión de la percepción interna que produce errores, defectos y falsas interpretaciones de la realidad*. El punto de inflexión es nocivo, dañino y desfavorable, y uno tiene la impresión de que no puede escapar de él.

Luego viene el no dejar de darle vueltas al asunto en cuestión, una especie de ronroneo difuso y etéreo que va asentando sus reales y aporta notas perjudiciales a la imagen que uno tiene de sí mismo. Se trata de pensamientos, ideas, recuerdos e imaginaciones sin rumbo que se dirigen hacia la parcela en donde la síntesis que allí se efectúa es marcadamente negativa, aunque falsa y movida. Esta puede iniciarse en un cierto factor externo, del que más tarde se independiza.

3. *Estímulos producidos por un cierto balance existencial*: se originan en la falda del análisis biográfico, a raíz de la muerte de un ser querido, de un fracaso afectivo o profesional, de una crisis económica o de un problema complejo de solución difícil. Otras veces se desencadenan después de un éxito (aunque esto es menos frecuente), haciendo recuento de lo que uno ha hecho con su vida. En todos los casos se barajan partidas muy distintas. Cada segmento argumental rinde cuentas de su viaje: amor, trabajo y cultura. Los tres juntos, y por separado, ofrecen una panorámica propia. Pero cuidado: cualquier examen íntimo y personal es sangrante. El hombre es un animal

deficitario, por ello conviene ser indulgente con uno mismo, por higiene mental.

La inestabilidad emocional biológica

La inestabilidad emocional biológica está causada por un desorden bioquímico cerebral muy complejo, en el que están implicados los llamados neurotransmisores. Su naturaleza es endógena, es decir, bioquímica, y en muchos casos tiene una fuerte carga hereditaria. Las principales estirpes que podemos destacar dentro de este apartado son:

1. *Depresión mayor*:[5] descenso del estado de ánimo que se manifiesta como tristeza inmotivada, melancolía, pena, hundimiento psicológico y, en general, una serie de síntomas psicológicos presididos por la desgana, la apatía y la falta de ilusión por vivir, asociada con otros síntomas físicos: dolor de cabeza, molestias digestivas difusas, dolores más o menos dispersos por la geografía corporal, así como insomnio e impotencia sexual. Es *monopolar*: solo presenta la cara depresiva.
2. *Depresión bipolar*: dos polos se van alternando a lo

5. Hoy la información bibliográfica sobre la depresión es ingente. La investigación fina y minuciosa de áreas, parcelas, vertientes y segmentos concretos se convierte en una selva de datos, cifras e informaciones en la que uno puede perderse fácilmente. Por ello daré aquí unas pinceladas muy generales.

largo de la evolución. En determinados momentos aparece la cara depresiva con todo su cortejo sintomático; en otros observamos la vertiente eufórica, presidida por lo siguiente: gran vitalidad, enorme dinamismo, verborrea (hablar sin parar), pérdida de la idea directriz del pensamiento (se pasa de un tema a otro en la conversación, lo que da lugar a una fuga de ideas, a un teclear de asuntos inconexos sobre los que se pasa vertiginosamente), euforia, alegría que puede ir de lo desbordante a lo chispeante, pasando por la desinhibición y la grosería. No hay conciencia de enfermedad. El sujeto experimenta estar mejor que nunca. Es hereditaria.

3. *Depresión bipolar de ciclos rápidos*: es una submodalidad de la anterior. Aquí la transición del polo depresivo al eufórico puede realizarse en pocas horas, de la noche a la mañana o en pocos días. Cada fase tiene su intensidad clara y rotunda. Son un reto para el médico. Hoy, la investigación más reciente pone sobre el tapete la necesidad de aplicar dos metales asociados (preferentemente carbonato de litio y valproato sódico).

4. *Distimia depresiva*: en ella el paciente tiene dos trastornos psicológicos entrecruzados. Por un lado, un trastorno de la personalidad que se arrastra desde hace tiempo y cuyos síntomas más relevantes son: inseguridad muy acusada, sentimientos o complejo de inferioridad, incapacidad para superar las heridas del pasado, inestabilidad anímica, incapacidad para tolerar las frustraciones... Y, de otro lado, una depresión asociada en la cual se superponen los síntomas anteriores con los propiamente depresivos.

¿Cuál es el tratamiento adecuado en estos casos? La *depresión mayor* requiere fármacos elevadores de ánimo, de los que hoy contamos con una amplia gama. El médico debe seleccionar el más correcto según la morfología del cuadro clínico. La *depresión bipolar* debe prevenirse con metales (litio, sodio, cesio, rubidio, vanadium, etc.) y análisis periódicos de sangre para controlar la evolución clínica. La *depresión propiamente dicha* debe tratarse como tal[6] y la *euforia* con neurolépticos (especialmente los derivados de la butirotenona).

Por su parte, las formas bipolares rápidas son las más difíciles. Requieren una aproximación de tanteo. Es menester asociar dos metales. Las distimias depresivas no se curan con fármacos. Este principio hay que dejarlo bien sentado. Es esencial la psicoterapia, a ser posible bifronte, es decir, cognitiva y conducional. La figura del psiquiatra, la propia personalidad del médico, debe ser curativa.

---

6. Hoy se curan aproximadamente el 90 por ciento de las depresiones endógenas. El 10 por ciento de las que no remiten es porque hay algo más añadido que complica el diagnóstico: un trastorno de la personalidad muy arraigado o que nunca ha recibido psicoterapia, un tipo de vida vacío y sin alicientes, una soledad difícil de superar, enfermedades físicas interrecurrentes (desde un padecimiento prostático a una diabetes no controlada, pasando por cuadros reumáticos, infecciosos o procesos degenerativos o cancerosos). El diseño del tratamiento de una depresión debe apoyarse en tres fármacos: los *antidepresivos* (antes llamados timoanalépticos, elevan el estado de ánimo), los *ansiolíticos* (psicorrelajantes que disuelven la ansiedad) y los *hipnofacilitadores* (ayudan a conciliar el sueño).

capítulo seis

Sobre la personalidad, la conducta y sus trastornos

En el cuarto de máquinas de la conducta

Tengo una de las profesiones más apasionantes y difíciles. Mi padre[1] fue uno de los primeros especialistas españoles en esta disciplina. Estudió en Alemania y con él me adentré en el anchuroso mar de la psiquiatría. A él le debo las primeras nociones, conceptos, criterios y andamiajes de este segmento de la medicina.

Cuando yo empecé mi andadura profesional en el Hospital Clínico de Madrid, hacia 1976, recuerdo que algunos enfermos que venían desde distintos pueblos de Castilla me preguntaban: «¿Usted es médico de nervios?». A mí, la verdad sea dicha, aquella expresión tan popular me descolocaba y me producía cierto trastorno de identidad. ¡Dedicarme yo a cosas de los nervios! Pero ya en esos años, el

1. Fue catedrático de Psiquiatría en Granada (desde 1955) y director del Hospital Psiquiátrico Provincial. Estudió en Berlín y Múnich, cuando la psiquiatría todavía era de raíz fuertemente germana.

cine americano estaba poniendo de moda la figura del psiquiatra como una especie de mago de la conducta, que dictaminaba por qué una persona tenía complejos, entraba en depresión o sentía que la vida no merecía la pena.

Este influjo se fue acrecentando con el paso de los años. Ir al psiquiatra significaba estar más o menos loco, o mentalmente para ser internado, con lo cual a quien necesitaba los servicios psiquiátricos se le colocaba una etiqueta muy negativa y quedaba descalificado casi de por vida. Y no digamos nada cuando esto se sabía en pueblos y ciudades pequeñas.

Hoy en día el panorama es muy distinto. Hemos cambiado más en veinte años que en un siglo. La psiquiatría se ha convertido en la rama más humanística de la medicina; trata las enfermedades psíquicas y explora los pasillos de la psicología y sus intrincados vericuetos. *La expansión de la psicología pone de relieve el interés progresivo por conocerse a uno mismo cada vez más y saber cuáles son las leyes y reglas que condicionan nuestro comportamiento.*

El mundo se ha psicologizado. Cualquier análisis, del tema que sea, presenta una faceta psicológica. Pensemos tan solo en los muchos libros que sobre materias relacionadas con la psicología se publican anualmente y que son éxitos sonados. O en los test, un método de conocimiento que sirve de ayuda para meterse en los entresijos de la ansiedad, la depresión, los miedos, las fobias y traspasar la hipotética frontera, difusa y desdibujada, de cualquier desorden psicológico.

Ir al psiquiatra ya no produce el rechazo de antaño; por el contrario, estamos yéndonos a los antípodas. Es frecuente que ante un pequeño problema, que puede ser resuelto con sentido común, se busque enseguida la ayuda de un psicólogo. En Nueva York, la capital de los psiquiatras y los psicoanalistas, la gente distingue muy bien ante qué tipo de psiquiatra se encuentra: el que da pastillas en exceso casi sin escucharte (*farmacoterapeuta*); el que prescribe una medicación y al mismo tiempo es capaz de realizar una entrevista clínica a fondo, buscando los rasgos esenciales de la biografía y la personalidad (*psiquiatra clínico ecléctico*, que integra distintos planos); aquel otro que sobre todo escucha, participa poco y rara vez emplea remedios farmacológicos (aquí se pone especialmente de relieve el *psicoanalista*) y, por último, el que trata de modificar el entorno sociofamiliar (*socioterapeuta*).

Desde hace cierto tiempo, suelo ir cada año a la New York University. Visito el Bellevue Hospital, cuyo jefe de la División de Psiquiatría es un ilustre español, el profesor Manuel Trujillo. Allí saben muy bien lo que es la subespecialización de un psiquiatra. Unos se dedican solo al tratamiento de anorexias y bulimias, y lo saben todo sobre ese trastorno psicológico de la alimentación. Otros tratan la ansiedad y las crisis de pánico. Hay quienes se escoran hacia las depresiones infantiles o puerperales, del climaterio o crónicas. Y qué decir de los que trabajan en el campo de las fobias y las obsesiones.

Quiero contar una anécdota que viví la primera vez que estuve en Nueva York. Cuando me preguntaron: «¿Cuál es su *fellowship*, su subespecialización?», yo respondí: «Me he dedicado sobre todo a las depresiones». Y mi interlocutor me dijo asombrado: «¿Pero a todas?».

La figura del psiquiatra es, pues, concreta, específica, clara y a la vez indefinida, polivalente, amplia. Ve cómo la vida de muchas personas se deshace entre sus manos y asiste como espectador de primera fila a los remolinos, tensiones y melancolías de sus pacientes, buscando poner orden y concierto. Este trabajo lleno de humanidad, y difícil donde los haya, hace que la personalidad del médico tenga un papel quizá más destacado que en las otras ramas de la medicina.

La psiquiatría es ciencia y arte, método y amor, rigor de estudioso y atención afectiva a la intimidad. En definitiva, se trata siempre de buscar los mapas señaladores del cuarto de máquinas de la conducta.

Proximidad y distancia[2]

El psiquiatra, desde su observatorio particular, capta la realidad de la vida humana en su complejidad. Se mete dentro de la persona y su circunstancia.

Todos ofrecemos desde fuera un repertorio de imágenes y puntos de vista. Es la interpretación de quien nos mira desde los aledaños. Una de las misiones del psiquiatra (la más importante es sin duda la de curar, la de lograr que un enfermo psíquico recupere la salud) es co-

2. Tanto este texto como el siguiente, titulado «Artesanía de la personalidad», forman parte de un ciclo de conferencias celebradas en el Trade World Center de México, del 1 al 3-VI-1998.

nocer a la persona que tiene delante de forma más profunda, no quedarse en la fachada, sino indagar en la historia de su vida, en las líneas generales que ha seguido, en sus principales argumentos, ilusiones, derrotas. *El oficio de psiquiatra es perforar superficies humanas para poner orden y concierto*. Acoger la polifonía de hechos, avatares, travesías, recovecos y cauces subterráneos que se abren a pasadizos secretos desde donde se explica la conducta.

Hay dos modos de estudiar al otro: en la *proximidad* y en la *lejanía*. Entre ambas posiciones cada uno debe encontrar la distancia justa para verse a sí mismo con alguna objetividad. La ecuanimidad con uno mismo es difícil, porque todo lo personal está envuelto en subjetivismo y parcialidad. No obstante, hay que intentarlo, cueste lo que cueste.

Si observamos el cuadro del genial Miró a una cuarta de distancia, no vemos nada; solo puntos, rayas y trozos de signos propios de este niño eminente, padre de la vanguardia, con un talento tejido de frescura, sorpresa, innovación y osadía. Pero si nos alejamos unos metros, la escena cambia radicalmente y, entonces, ya podemos apreciar la propuesta del pintor. Nos adentramos en su mundo sencillo y complejo, elemental y repleto. Lo mismo puede sucedernos con la biografía de una persona.

La excesiva cercanía *confunde*, mientras que la distancia *aclara*. Alejarse permite percibir más matices, ir al patio de butacas y apreciar cómo las laderas borrosas de la inmediatez se vuelven nítidas. Esta caligrafía de la mirada, este trasiego de la retina, bucea en el escenario humano y desafía los escollos, aspirando al jeroglífico esencial, en donde encajan todas las piezas del puzle.

Estas dos formas de divisar albergan en su interior dos estilos: *romántico* y *clásico* respectivamente. En el primer caso, uno se deja invadir por los planos sentimentales y la vida afectiva toma el mando y marca el rumbo a seguir; en el segundo es la razón la que dicta criterios y pone el acento en la lógica y los argumentos.

El hombre romántico se embriaga de la realidad al fundirse con ella, la vive tanto, se llena de ella de tal manera que los árboles no le dejan ver el bosque. *El hombre clásico sigue un esquema contrapuesto; se retira, se aparta un poco de los hechos que tiene delante, aplica la cabeza y toma nota.*

Corazón y cabeza constituyen dos ópticas contrarias y complementarias: negro sobre blanco, sentimiento frente a razón. Hay que aspirar a buscar la distancia exacta, ni muy cerca ni muy lejos; a apreciar y diferenciar, conocer y contener, distinguir entre la maleza. Clásico y romántico. Apolíneo y dionisiaco. Continental e insular. Atlántico y Mediterráneo. Racionalismo y pasión. En pocas palabras, hay que buscar la síntesis iconográfica.

Me recreo en la suerte de los paisajes del alma y de los enmarañados mundos de fuera. Unos y otros me sitúan, me dan la información que necesito y me dicen lo que emerge y lo que se sumerge, en un juego caleidoscópico de sensaciones. Toda excursión hacia el interior es un camino transparente y opaco, claro y oscuro. En los últimos tramos no se ve más que luz, y eso que la condición humana es un pozo sin fondo, el cuento de nunca acabar. Querido lector: sé inteligente y afectivo. Atrévete a ponerlo todo en juego..., ¡ganarás!

Artesanía de la personalidad

La personalidad es un tema que a todos nos atañe. Con bastante frecuencia se dice que este o aquel individuo *tiene mucha personalidad*. ¿Qué se quiere decir con ello? En tales casos se hace referencia a que los ingredientes de su psicología muestran un *sello muy firme*, muy particular y preciso; a que sus rasgos son acusados, específicos, delimitados. En conclusión, tal sujeto presenta un *perfil psicológico* bien delimitado.

Cuando alguien tiene mucha personalidad, se contrapone al llamado *hombre masa*: el hombre impersonal, anónimo y cargado de tópicos, aquel que no destaca por nada, ni por su *vitalidad* —una especie de dinamismo arrollador gracias al cual despliega una gran actividad, que va desde el terreno profesional a la vida familiar, pasando por su descanso o sus aficiones—, ni por su *serenidad*, que le vuelve una persona tranquila, sosegada, llena de calma, que transmite una especie de paz y que es un remanso de equilibrio, entereza e imperturbabilidad. Otras personas destacan por su *discreción*, esto es, la capacidad para escuchar atentamente, que es una mezcla que oscila entre hablar poco y saber medir las palabras, llegándose así a una rara ecuación psicológica que da lugar a un estilo propio, peculiar y muy característico.

Cuando se tiene una personalidad muy marcada, uno se siente identificado con ella. Esto quiere decir que uno se encuentra a gusto siendo de ese modo. Una de las principales notas de eso que llamamos «tener mucha personalidad» es la seguridad, un sentimiento interior estable, fuerte, asentado, natural.

Los dos ingredientes más propiamente característicos son el *cuerpo* y la *personalidad*. El primero sirve de vehículo para llevarnos de aquí para allá, nos representa, es tarjeta de visita en el contacto con el mundo exterior; el segundo es el sello específico, la marca de la casa. Uno y otra se ensamblan formando un binomio singular, y de la buena relación entre ambos va a salir la resultante de la geometría del comportamiento. Ello concluye en un cierto equilibrio de fuerzas contrapuestas que dan un paisaje exterior e interior bien proporcionado.

Tener una personalidad madura es el resultado de un trabajo de orfebrería que significa tallar, pulir, limar, acrisolar la geografía particular, recortándola por un lado y dándole salida por otro. Cuando uno se toma en serio este trabajo, a medio o largo plazo obtiene resultados. Es preciso tener delante cierto modelo de identidad para situar, al menos a grandes rasgos, las coordenadas por donde uno quiere circular. Hoy esto no es tan fácil como hace unos años, dado que hemos avanzado mucho en la técnica y en la ciencia, pero en los planos humanísticos estamos en retroceso. Nunca el hombre ha sabido tanto de sí mismo, y al mismo tiempo, nunca ha habido tanta gente perdida, que no sabe a qué atenerse en las cuestiones clave de la vida. Uno puede estar desorientado en temas secundarios, accesorios, periféricos, pero no en asuntos gordianos. Y el primero de todos es uno mismo.

El modelo de identidad es, pues, un referente al que uno quisiera parecerse e imitar. Muchas veces es menester espigar esto buscando ejemplos de aquí y de allá, cogiendo y seleccionando de unos y de otros. Los padres podemos ser en principio un buen ejemplo, por eso es tan importante luchar por ser coherentes y dar lo mejor de nosotros mismos. Cuando nos abandonamos y caemos en la dejadez o en la desidia, todo se desliza hacia una mediocridad familiar que antes o después tendrá unos efectos negativos.

En la geografía de la personalidad hay dos zonas separadas y a la vez implicadas: el *carácter* y el *temperamento*. El primero se forma a través de muchas experiencias: la familia, el entorno, los estudios, el tipo de amistades, la cultura que hemos sido capaces de meter en el ordenador de nuestra mente: todo eso es lo *adquirido*. El temperamento, por el contrario, es *heredado*, y lo hace mediante patrones de comportamiento recibidos de forma genética: «Tiene el mismo temperamento que su padre», decimos con expresión firme, dando a entender que ciertas formas de reaccionar recuerdan a su propio progenitor.

Dice el *Eclesiastés*: «Ama tu oficio y envejece en él». Yo terminaría así: lo mejor es orquestar con maestría una buena sonoridad de la sintonía personal.

Psicología del resentimiento

El resentimiento es un pesar interior que se produce como consecuencia de algunos fracasos personales que predisponen la personalidad hacia la crítica, el ataque y la agresividad hacia los otros. El clima, el paisaje interior, es de disgusto, rencor o apatía. La antesala del resentimiento es la envidia, pero mientras en esta el asunto queda en los límites interiores del sujeto, en el resentimiento hay, además, un afán reivindicativo.

¿En qué consiste verdaderamente el resentimiento? Es un dolor moral que se produce como consecuencia de haber sido maltratado —justa o injustamente—, que se acompañará progresivamente de hostilidad hacia el o los causantes de este daño. Por tanto, podemos concluir que *resentimiento = sentirse dolido y no olvidar*.

Las dolencias pasadas, los problemas y, en general, los traumas deben ser superados mirando hacia el futuro. Hay que vivir hacia delante. Freud, en su *Teoría de la neurosis*, insistió en los mecanismos neuróticos, uno de los cuales es almacenar todos los problemas y frustraciones pasados y no ser capaces de canalizarlos hacia fuera, por lo que, como consecuencia, terminan neurotizando la personalidad y volviéndola enfermiza.

Ahora bien, *el sufrimiento es necesario para la maduración personal*. Diría aún más: es imprescindible. Pero el neurótico se instala en él y teje su vida. Sucede así cuando el sufrimiento, los reveses o los sinsabores parecen superiores a las fuerzas humanas; el camino resulta demasiado empinado y ya no se puede tirar más. En esos momentos, cuando las dificultades y los problemas pretenden echar por tierra los mejores propósitos, es cuando hay que intentar reaccionar. Relanzarse, pero disolviendo todo el dolor, la traición y las incomprensiones que se puedan haber experimentado.

Conviene precisar que existen dos extremos opuestos de resentimiento: el *fisiológico* y el *patológico*. El primero nace de situaciones radicalmente injustas, flagrantes, por lo general provocadas por personas cínicas. El sujeto en cuestión se siente dolido por el trato recibido y su reacción es prácticamente normal. Empieza a pensar que debe hacer algo para defenderse de la injusticia recibida. Más tarde, cuando las aguas vuelven a su cauce e impera la calma, ha de extraer una conclusión: es conveniente conocer mejor a los demás y conocerse más a fondo a uno mismo.

La noción de resentimiento fue introducida por Nietzsche en su *Genealogía de la moral*. Para Max Scheler, el principal producto del resentimiento es la igualdad entre los hombres.

Ahora bien, también hay que decir algo acerca de la figura del cínico. No me refiero aquí a la escuela cínica de la filosofía, sino al *sujeto que carece de escrúpulos, pero con tal desfachatez que no hace otra cosa que hablar de lo escrupuloso de su conducta*. Es desvergonzado, capaz de todo, maquiavélico. Con frecuencia intenta dar lecciones de ética, aunque dentro de un tono suave, buscando una cierta apariencia de persona prudente, templada o equitativa.

La conducta del cínico no es fácil de desenmascarar. Solo cuando uno ha padecido una acción de esa naturaleza, descubre la realidad que se esconde bajo ese hombre. Porque el cínico no se compromete nunca, sabe muy bien mantener un estatus ambiguo, difuso, brumoso. Pero antes o después llega el momento en que necesariamente debe manifestarse... porque la vida es muy larga... y entonces estampa su firma. El cínico suele ser inteligente y por eso engaña a muchos. Descubrir a un cínico puede ser una empresa de años. A veces solo al final de una vida, cuando se levantan las cartas de verdad, sale el motor de esa conducta descaradamente egoísta, insolente, que juega con varias cartas y que trampea con unos y con otros buscando siempre su provecho, pero jactándose de lo contrario. Sabe desmarcarse, gira, asciende, dice lo contrario de lo que piensa... La desfachatez y el atrevimiento pueden alcanzar cotas impensables.

Cuando uno ha conocido a un cínico de cerca y lo ha sufrido, no lo olvida. Sus lecciones prácticas dejan un regusto amargo, terrible, demoledor, que invita al contraataque si uno se deja llevar por los impulsos de revancha.

Resentimiento normal y resentimiento patológico

Como hemos dicho antes, el cínico se escabulle, desaparece, no da la cara, por eso es tan difícil desenmascararlo y descubrir sus fechorías. Los que no le conocen bien llegan a justificar su comportamiento pensando en la casualidad, las circunstancias o cualquier otra justificación.

El resentimiento que provoca el cínico es el más humano y comprensivo, ya que uno se ve maltratado por alguien desvergonzado y sarcástico. La reacción que provoca es calurosa, densa, espesa, algo que invita a tomarse la justicia por la mano del que la padece. Es una respuesta que tiene sentido y cuya duración y persistencia dependerá del contenido del agravio.

El resentimiento *normal* o *fisiológico* nace de ahí, pero si no se anda con cuidado puede convertirse en una verdadera enfermedad psicológica, de tal manera que esa persona no llegue a superar dicho trauma.

Por contra, el resentimiento *patológico* es enfermizo, no arranca de situaciones marcadamente injustas ni es consecuencia de algo real y objetivo, que puede medirse y pesarse. Descansa sobre un tipo de personalidad especial cuyos principales rasgos pueden alinearse así: egolatría, susceptibilidad enfermiza, desorbitada necesidad de ser estimado, considerado o tenido en cuenta, clara incapacidad para reconocer las propias limitaciones y errores. Una de las subformas de esta modalidad es la que se produce a orillas de la envidia. *La envidia es tristeza y pesar ante el bien ajeno.*

Pero ¿cuándo se encamina la envidia hacia el resentimiento? Cuando otra persona tiene algo de lo que uno carece, y esta posesión es atribuida a algún tipo especial de injusticia. Esto se refiere tanto a lo que esa otra persona posee como a lo que a uno le falta o, incluso, a la combinación de ambos. Es entonces cuando se van gestando en el interior de esa persona deseos de tomarse la justicia por su mano.

Es cierto que en la vida ordinaria, habitual, existen injusticias continuas. La misma justicia, lo que se entiende por tal en cada nación o Estado, está plagada justamente de lo contrario, de injusticias. Desde esas dos geografías pueden brotar dos especies distintas de resentimiento.

En muchos casos se trata de un desmedido deseo de poder, de querer cada vez más, pero sin base alguna. En esas circunstancias es fácil que prosperen continuos resentimientos de insatisfacción, impresiones de haber sido lesionado en las propias aspiraciones, etc. Todo ello va a desencadenar lo que constituye la esencia psicológica del resentido:

sentimientos de descontento, de sentirse herido, que una y otra vez son reactivados y vuelven sobre sí mismos ante ciertos estímulos recordatorios. Poco a poco se van a ir asociando sentimientos de venganza, de ajuste de cuentas, de poner las cosas de otro modo a cómo han quedado.

Se aplica, de este modo, un planteamiento que pretende justificar un punto de partida erróneo. A esto llamamos los psiquiatras «deformación catatímica de la realidad», que en román paladino quiere decir que el cristal con el que observamos la vida es el de nuestro particular estado de ánimo, con el cual deformamos apasionadamente lo que vemos.

Cuando el resentimiento echa raíces fuertes, es capaz de motivar una vida y solo cesa cuando se apaga la sed de revancha que la persona lleva dentro. En tales casos se llegan a posponer hasta los proyectos, y se coloca esta motivación en primer plano. La detonación de la misma puede ocurrir años después de los hechos que hicieron germinar el resentimiento y que, en un momento determinado, dan cumplida cuenta de la venganza que guardaban los años de espera y el minucioso análisis de las circunstancias y pormenores que rodearon esas situaciones concretas. Es una forma muy frecuente de convertir hechos traumatizantes en pasiones dominantes de desquites. De ahí que la actitud más habitual del resentido es la de estar contenido, sujeto, como al acecho. Por eso sus formas de operar pueden ir desde el descrédito público a la descalificación permanente, pasando por la opresión y el fanatismo. *Todo resentido alberga un poderoso deseo de estimación.*

Lo opuesto, la otra vertiente del problema, es la generosidad y la bondad. El hombre bueno todo lo disculpa, todo lo tolera, no tiene en cuenta lo malo, es un sembrador de paz y de armonía. No tiene doblez, inspira confianza, sabe perdonar y pedir disculpas cuando es necesario. El contacto con él es un sedante.

El hipocondríaco o enfermo imaginario

La hipocondría es, ante todo, una *actitud ante el propio cuerpo* que se manifiesta por una preocupación excesiva por la propia salud, que lleva a la observación minuciosa de cualquier molestia o sensación. Se la conoce desde antiguo. Las primeras descripciones corresponden a Hipócrates y Galeno. En el siglo XVII, el médico inglés Robert Burton la estudió con gran detalle en su libro *Anatomía de la melancolía*: lo esencial —afirma— es ese estar permanentemente pendiente de cualquier manifestación física, por pequeña que sea, *y pensar en lo peor*. Esta nota añadida me parece clave: la *vivencia de anticipación de lo peor*.

Por ejemplo, el que padece dolor de cabeza piensa en que puede tener un tumor craneal; la opresión precordial alerta ante un posible infarto; la dificultad respiratoria normal al subir unas escaleras lleva a la idea de un grave problema respiratorio. Y a fuerza de *adelantarse en negativo*, la persona se escucha, se observa y está siempre pendiente del más mínimo detalle que asoma en su corporalidad.

Molière, en su célebre libro *El enfermo imaginario*, cuenta la historia de Argan, un personaje prácticamente dedicado a la atención milimétrica de sus percepciones somáticas mínimas, lo que le conduce a sentirse enfermo de todo. De aquí deriva la calificación que hizo Charcot, maestro de Freud, de este padecimiento psicológico: *la maladie du petit papier* («la enfermedad del papelito»): el sujeto aprensivo va al médico con una lista en la que lleva apuntados sus síntomas, por temor a olvidarse de alguno y que el médico no pueda diagnosticarlo y se equivoque. Hay en este hecho una doble lectura: *temor a la enfermedad*, por un lado, *y convicción de estar grave*, por otro. Es parte de la ambigüedad que se hospeda soterrada en su trasfondo.

Esto lleva a una *preocupación desorbitada y patológica por cualquier molestia*, a estar en guardia, al acecho, en un estado de alerta que le va llevando de la mano a captar, registrar y descifrar la más mínima señal que brota de su cuerpo. Esta atención exagerada se va transformando en un hábito, una costumbre, un modo de estar frente a su cuerpo... que termina esclavizándolo. El resultado es verse atrapado en sus redes y convertirse en un *enfermo-problema* que no se despega de su envoltura corporal.

La salud es el silencio corporal. Cuando estamos bien, nuestro cuerpo es el gran silencioso. Toda la hipocondría está trazada desde la bóveda de la ansiedad, que amplifica, hipertrofia y convierte el propio cuerpo en cárcel valleinclanesca.

Hay dos modalidades contrapuestas. La hipocondría *cum materia*, en la que existe algo físico, generalmente bien detectado, a lo que el paciente se entrega de forma total: análisis, exploraciones, visitas a una larga lista de médicos y, por supuesto, estar todo el día centrado en la enfermedad. La otra modalidad es la *sine materia*: no hay nada que el médico pueda decir, en cuanto a una etiqueta diagnóstica, pero el individuo vive inmerso en la interpretación de que sus sensaciones físicas son algo grave, alarmante, que pueden conducirle a una situación dramática.

Hoy sabemos que el tratamiento debe ser tridimensional: *farmacológico* (ansiolíticos que disuelven la inquietud interior), *psicoterapéutico* (para cambiar esa tendencia a pasar y repasar la geografía corporal) y *socioterapéutico* (para abrirse a otros contactos interpersonales que lo saquen de esa cárcel que es la autoobservación prolija de cualquier minucia que asoma por su cuerpo).

Al enfermo no se le debe decir que *no tiene nada*. Parte del tratamiento consiste en explicarle dónde está su fallo. Y ahí es donde entra el buen hacer del psiquiatra. No olvidemos que la medicina es ciencia y arte.

capítulo siete

Sobre el hombre de hoy y su realidad

El hombre light

El *hombre light*, personaje al que dediqué mi libro titulado *El hombre light. Una vida sin valores*, es un sujeto liviano, ligero, superficial, divertido, intrascendente, casi hueco. En dos palabras: sumamente vulnerable.

Tiene un cierto atractivo de entrada, es chispeante y festivo, pero de salida ofrece su auténtica imagen: vacío de valores, siempre centrado en el dinero, en la evasión y en pasarlo bien, huérfano de espiritualidad y lleno de contradicciones. El novelista P. Handke, en su obra *La mujer zurda*, cuenta una historia que es bastante verosímil en la actualidad: se trata de una mujer casada que le pide a su marido que la deje sola durante una temporada, porque necesita pensar; pero no desea esto para analizar su situación afectiva de cara al futuro, no. Se trata de una *soledad indiferente*, extraña, rara. Todos los personajes que aparecen en esta obra viven algo parecido. No es ni la soledad de los héroes, ni la de Marcela, la pastora indómita de Cervantes, ni tampoco la que describe Baudelaire en *Le spleen de Paris*. Es una soledad que carece de dimensiones profundas.

Soledad y comunicación interior suelen formar un binomio, pero en el caso del hombre light no ocurre así. En su vida hay banalidad, porque no se interroga por nada trascendente que obligue a replantearse la existencia de otro modo. *Soledad sin rebelión personal y sin análisis*. La relación con el otro está muy deteriorada. Pensemos, por ejemplo, en la cantidad de personas que viven casadas con el trabajo y cuyas relaciones afectivas están cogidas por unos finísimos hilos, más sexuales que afectivos. En mi experiencia clínica de casos de separación, he oído muchas veces la frase «que me dejen solo una temporada». La impresión inmediata de esa petición es buena, pero como en el personaje *light* todo es apariencia, al profundizar encontramos escasos argumentos y poco deseo de reforma personal.

Al mismo tiempo vuelve una palabra mágica que se repite con alguna insistencia: la *ética*. Pero esta no es contemplada desde las grandes leyendas del ser humano: el mito de Sísifo, de Fausto o de Prometeo encadenado. Todo está suspendido por el mito de Narciso, aupado en aras de lo subjetivo. Dicho con otras palabras: el *narcisismo* nos presenta un ser humano centrado en sí mismo, en su personalidad y en su cuerpo, con un individualismo atroz, desprovisto de valores morales y sociales, y emancipado de cualquier noción trascendente; y el *punto de vista subjetivo* nos muestra la caída en un perspectivismo que diluye cualquier solidez más o menos firme, con lo que nada vale la pena seriamente, salvo esas notas que —como un *ritornello*— definen este tipo de personalidad: *hedonismo-consumismo-permisividad-relativismo*.

1. *Hedonismo* significa entronización del placer a toda costa: lo importante es pasarlo bien sin restricciones.
2. *Consumismo* significa que lo fundamental es tener, poseer; el hombre en función del dinero y la capacidad adquisitiva.
3. *Permisividad* significa que todo vale, que todo está permitido, que lo esencial es hacer lo que a uno le parece bien y seguir la psicología del «me apetece».
4. *Relativismo*: suspensión del referente, ya que todo depende en última instancia del prisma y el ángulo desde el que se observe la realidad. No hay absolutos, todo es relativo. Se desciende por la rampa de la *absolutización* de lo *relativo*.

El escritor americano Lasch, en su libro *The Culture of Narcissism*, describe así esta tipología humana: «Cuidar la salud, desprenderse de los complejos, esperar las vacaciones: vivir sin ideal y sin objetivos trascendentes».

Estamos ante un siglo nuevo, el XXI. Una civilización que se acaba y otra que comienza. *La enfermedad de Occidente es la de la abundancia: tener todo lo material y haber reducido al mínimo lo espiritual.* Las cosas, progresivamente, se han ido haciendo más fáciles. Ya no interesan los héroes. Los personajes que se proponen como modelos no tienen ideales: son vidas conocidas por su nivel económico y social, pero rotas, sin atractivo ni capacidad para echar a volar y superarse. Es gente ahíta, repleta de cosas, pero sin brújula, indiferente por saturación.

La incultura sentimental de Occidente

Los sabios griegos decían que el principio de la sabiduría es la conciencia de la propia ignorancia. La vida debe girar sobre sus goznes y uno de los más importantes son los sentimientos. Ellos dan a la existencia solidez o fragilidad, firmeza rocosa de lo compacto o vulnerabilidad que antes o después dejará su huella indeleble. La geometría personal nunca puede ser rectilínea, ya que tiene un fondo incompleto y provisional que la sazona. Unos sentimientos son plácidos y otros, repletos de inquietud. Entre ambos cabe un espectro intermedio amplio y variado, tejido de tonalidades diversas.

Cuando existe una buena conjunción entre el plano afectivo y el intelectual, uno está bien templado y entonces no se juega la vida emocional a una carta, sino que su apuesta se apoya en la serenidad de las ideas claras y la experiencia contrastada. Esa persona tiene el secreto de abrevar su vida en esas aguas y ser remanso para otros.

Hoy estamos viviendo una evidente ignorancia en este campo. ¿Dónde se habla de educación sentimental?, ¿en qué sitios se enseña?, ¿dónde se explica con autoridad una materia tan decisiva? Aquí estamos de prestado. El andamiaje del edificio es muy endeble, todo está cogido por unos hilos tan finos que en cualquier momento pueden romperse. Mientras tanto, hemos exaltado el sentimentalismo superficial y facilón, que deslumbra sin iluminar. *Son tiempos de ignorancia afectiva*. En Occidente vivimos una auténtica incultura en este terreno. Se desconoce lo elemental, y ello se pagará caro cuanto todo el *proyecto personal* se tambalee al agrietarse la vida conyugal.

En la obra de André Maurois *Climas* —novela escrita a principios de siglo—, el protagonista, Philippe de Marcenant, un joven sensible e intimista, se enamora sin cabeza de Odile, una jovencita de belleza etérea y frágil psicología. Pero tras la idealización llega la realidad del día a día, y aparecen los celos de él hacia ella. El celoso vive atrapado en la anotación milimétrica de los gestos, las palabras, las frases y, por supuesto, el control policíaco de los pasos que el otro da. Afloran los celos como una enfermedad repentina y terrible, presidida por las dudas punzantes del análisis subterráneo de los hechos. Es un paisaje interior vaporoso y confuso. Finalmente, el trágico final de ella conducirá a la depresión de él.

La educación en Occidente ha privilegiado la razón abstracta y ha dejado de lado la parte afectiva. En la historia del pensamiento, la afectividad suele aparecer de soslayo, para hacer enseguida mutis por el foro. Sin embargo, el verdadero amor, *el amor inteligente, es aquel que funciona amando corazón y cabeza, para dirigir con acierto el proyecto personal, bien trenzado de amor y trabajo*. Es el amor con conocimiento, porque también los sentimientos son educables y se deben cultivar. Desde hace algunas décadas estamos transmitiendo *un modelo afectivo erróneo*: si la palabra «amor» es maravillosa y mágica, todo funcionará con solo dejarse llevar. Este error de concepto trae consigo unos resultados muy negativos. Pensemos tan solo en las rupturas conyugales de tantos países occidentales. Nos alarmamos ante estas dos grandes epidemias que abren este siglo XXI: las *drogas* y el *sida*. Pero la plaga de las parejas rotas tampoco se queda atrás. Y esto ocurre, muchas veces, en personas con un buen nivel profesional pero con un desconocimiento alarmante del *abecé* de la vida en común.

Mi experiencia personal de psiquiatra, de explorador de intimidades ajenas, me ha hecho concluir que esto sucede mucho más en el hombre que en la mujer. Repito, me refiero a Occidente, que es lo que conozco y en donde me muevo. La mujer tiende más a las reacciones afectivas, mientras que el hombre lo hace a las racionales.

La razón sin afectividad es una mala apuesta: empobrece al ser humano y lo torna raquítico en sus sedimentos más profundos. Un amor así no tiene futuro.

La imagen exterior

El aspecto exterior ha cobrado una enorme importancia debido al tema de la imagen. Muchos estudios y trabajos de técnicos de la imagen tratan esta cuestión como una cuidadosa tarea cuyo objetivo es mejorar la apariencia, sobre todo de los hombres públicos o de aquellos que tienen una gran resonancia social.

Un factor importante es el del vestido. ¿Qué significa el vestido? Podemos decir que es como *una prolongación de la personalidad*. Dice mucho sobre la persona, porque la retrata psicológicamente. Refleja el buen gusto, la armonía de los colores, su actitud clásica o moderna, su grado de exquisitez, la influencia que opera en ella la moda y lo que se lleva. *El modo de vestir es una especie de tarjeta de visita*, una forma de entrar en contacto con los demás, un modo de lenguaje.

El lenguaje del vestido[1] encierra un verdadero simbolismo y tiene una gran amplitud de registros. Por una parte, *signos de rango* (vestido militar, de noche, de gala, traje académico); por otra, una *indicación de oficio* (cargo político, sociedades más o menos secretas); también, *signos locales o nacionales* (trajes folclóricos, tradicionales) y, por supuesto, aluden también a un cierto *nivel económico* (esto es quizá más marcado en las mujeres, aunque en los últimos años se ha producido una verdadera explosión en la moda masculina, que en algunos países, como Italia y Francia, ha hipertrofiado dicha industria).

Un cierto tipo de estilo de vestir incita o retrae hacia el conocimiento del otro. Y aunque solo sea una actitud, el porte exterior va a decir bastante sobre ese individuo.

Moda y vestido están íntimamente unidos, por eso la moda tiene un carácter esencialmente social. Pero las modas cambian, oscilan, se truecan, vuelven. Y así como la cara es el espejo del alma —decimos en un lenguaje colo-

---

1. La forma de presentarse uno ante los demás refleja tres vertientes de la vida personal: física, psicológica y sociocultural. Cada una deja una huella patente de buen gusto, forma de ser, nivel social y preferencia estética. Tanto el cuido como el descuido son propositivos: anuncian al personaje.

quial—, el vestido manifiesta buena parte de nuestra psicología.

La imagen estética de la persona tiene interés porque de alguna manera es una vía de exploración del otro. En la cultura de la imagen hay más mentira que verdad. Dicho de otro modo: *ser esclavos de la propia imagen puede llegar a desvirtuar a una persona*, produciendo en ella una disarmonía entre lo exterior y lo interior. El hombre con un cierto equilibrio personal tiene una buena relación entre lo de fuera y lo de dentro, por eso, al verlo de cerca, al tratarlo, al adentrarse en su vida más íntima, gusta más, enseña, da consejos prácticos para la vida personal.

Los asesores de imagen necesitan un abogado del diablo, alguien que les ponga las peras al cuarto y desmonte su teoría, que busque más la coherencia que los fuegos artificiales que después quedan en nada. Viene así la dicotomía entre las dos caras de la vida individual: la *apariencia* y la *realidad*, lo *exterior* y lo *interior*, la *fachada del edificio* y lo que *realmente se hospeda en él*, lo que *enseñamos* y lo que *somos*.

En una sociedad neurótica se sigue la *filosofía del naufragio*: cada uno a su tarea sin mirar la del otro. En el fragor del oleaje, a través del ruido ensordecedor de los medios de comunicación social, todo se mezcla y se confunde, y las palabras saltan, van, vienen, se revuelven. En esta *ceremonia de la confusión* todo vale, el mercado está abierto y se juega con el hombre. Es preciso tener más espíritu crítico para no quedar narcotizado, sin capacidad de reacción.

El éxito y el fracaso

Se habla más del éxito que del fracaso, y creo que ambos tienen muchas zonas comunes. El *éxito* consiste en el reconocimiento social de haber logrado un cierto nivel en algún aspecto concreto de la propia vida. Tiene unas notas esencialmente *públicas*. Se vive con alegría y es el resultado feliz de algo importante que uno lleva entre manos. El *fracaso* nos presenta la otra cara de la moneda: algo esencial para uno mismo se ha torcido y ha tenido una conclusión negativa. Es una experiencia generalmente más bien *privada*.

Ahora bien, conviene no perder de vista que *el hombre es un animal descontento*. Cualquier análisis que hagamos sobre cómo van nuestras cosas es inevitable que arroje cierto balance negativo, pues muchos proyectos no llegan a buen puerto simplemente por falta de tiempo, porque la insistencia en su realización ha sido insuficiente o por los muchos avatares que tiene la existencia.

Pero *éxito y fracaso son dos grandes impostores*. Muchas veces, para llegar al éxito hay que pagar un precio tan alto que puede llevar a la incoherencia o a venderse al mejor postor. Y, por otra parte, el fracaso puede esconder una lección fructífera si se le sabe dar la vuelta al argumento. *El fracaso enseña lo que el éxito oculta: la capacidad para crecerse en los obstáculos y no darse uno por vencido*. Los psiquiatras sabemos que el fracaso es necesario para la maduración de la personalidad. La vida humana está tejida de aciertos y errores; consiste en un juego de aprendizajes. Por lo general, enseñan más las derrotas que los triunfos. *Hay derrotas triunfales a las que envidian algu-*

nas victorias. De ellas puede uno tomar buena nota y volver a empezar.

La vida es un bracear de uno mismo con la realidad y las adversidades. La patria del hombre son sus ilusiones;[2] somos sobre todo porvenir, futuro, anticipación. Nos pasamos la vida pensando en el día de mañana, y esa es la nota clave de la felicidad: lo que aún no ha llegado a nosotros y esperamos ardientemente. Pero tener ilusiones significa capacidad para no desalentarse, *arte para no desesperar*. En el revés brota el desaliento y, con él, la posibilidad de abandonar la meta y darse uno por vencido. En la otra orilla está la contrapartida: el tesón, la insistencia y la voluntad rocosa, cueste lo que cueste. *Volver a las pequeñas contabilidades personales*: aquí y ahora lucho, me esfuerzo, insisto, me niego a que me arrolle la marea y estoy dispuesto a ser como una fortaleza.

Me interesan los perdedores que han sabido asumir su derrota y han podido levantarse y empezar de nuevo. Es grande ver a un hombre crecerse en esas lides. Si persevera con voluntad juvenil en esta meta, su personalidad se volverá recia y compacta, sabiendo descubrir, por debajo de la tempestad que ensordece y del viento contrario vibrante y amenazador, su rumbo claro y su pretensión de seguir bregando en lo pequeño.

Así se inician los hombres de vuelo superior, que no

---

2. *La ilusión es la magia de la vida*: aquello que se mueve entre el plano de lo posible y lo difícil. Provoca una sensación que se sitúa por encima de lo evidente. Es la metafísica del proyecto personal.

son los que siempre vencen, sino los que saben levantarse, aquellos que tienen capacidad de reacción, que saben aprender, anotar, fijarse bien en los hechos y distinguir lo que es importante de lo que es accesorio. La vida enseña más que muchos libros. Abrir bien los ojos y tener una cierta capacidad de síntesis es fundamental. Un hombre así está siempre ardiendo. Es muy difícil poder con él; incluso en los peores momentos cuenta con un rescoldo latente debajo de las cenizas que le empuja a guerrear, a seguir en la brega, a volver a empezar. Si el sufrimiento es la forma suprema de aprendizaje, la voluntad es la llave que hace que nuestros sueños se conviertan en realidad.

Si somos artesanos de nuestra vida diaria, si somos orfebres de la propia travesía, cuando se presente la hora de hacer cuentas con nosotros mismos el balance personal será siempre ascendente, porque habrá habido espíritu de superación: retos y afanes vigorosos, resistencia al desaliento y fuerza ante la adversidad. *Un hombre vale y se mide por su capacidad para desestimar y relativizar las batallas perdidas*, con la mirada puesta en las metas e ilusiones trazadas. Sin pesimismos paralizantes. El pesimista se queja del viento, el optimista espera que cambie y el realista ajusta las velas.

Los triunfadores son los que se divierten trabajando

Para mí la felicidad consiste en tres cosas: amor, trabajo y cultura. Y, envolviendo estos elementos, el hecho de haber ido consiguiendo una personalidad equilibrada psicológicamente.

El trabajo es un ingrediente esencial de la vida humana. Nos pasamos la vida trabajando. Horas y horas que cada uno dedica a su tarea, dando lo mejor de sí mismo. Hoy tenemos ante nosotros el panorama contrapuesto y espasmódico de aquel que no tiene trabajo y de aquel otro que está desbordado, sin tiempo para nada. Entre ambos polos se sitúa un espectro intermedio de formas de trabajar, diversas y variadas, que señalan un estilo y una forma de vivir.

El trabajo es algo imprescindible, poliédrico, específico, etéreo y a la vez superconcreto, ascético y epicúreo, abierto y cerrado, que nos llena de alegría y también de zozobra y lucha. Es nuestro acompañante argumental más decisivo junto con el amor. Así pues, *amor y trabajo conjugan la felicidad*.

Madame du Châtelet, en su *Discurso sobre la felicidad*, nos muestra una concepción asilvestrada de la felicidad en la que el equilibrio de fuerzas deambula entre la aritmética del placer y la del dolor. En esta «ortografía geométrica» hunde sus raíces la tarea diaria. De ahí se levanta el amor por *el trabajo bien hecho*, como una forma suprema de alegría, a la vez realista y quimérica, pegada a la realidad y con cierto aire mítico.

El éxito en el trabajo consiste en hacer bien lo que uno conoce y en lo que está especializado. Tocar bien solo esa tecla, poniendo toda la carne en el asador, conjugando con criterio el corazón y la cabeza, evitando el adocenamiento y la dejadez, enfermedades contagiosas y expansivas que son capaces de llevarse por delante los mejores propósitos.

La alegría es la satisfacción que se desborda como paisaje interior ante la faena bien cumplida. Para que esto se produzca es menester que funcionen bien dos aspectos: *el conocimiento y la voluntad.*

Por el primero uno sabe a ciencia cierta aquello que tiene entre manos; hay una labor previa de información que lleva consigo lo que de forma resumida llamamos *profesionalidad.* Hoy la *subespecialización* es casi una norma básica, dada la amplitud de cualquier área de conocimiento y trabajo. Pensemos, por ejemplo, lo que sucede en el mundo científico con la bibliografía: en psiquiatría, el número de publicaciones es de tal calibre que hay que abrirse paso entre masas de revistas y libros para seleccionar el tema del que uno quiere recibir una información más detallada.

El segundo, *la voluntad*, es una pieza clave en el tema de trabajo. Voluntad es determinación, firmeza, solidez en las intenciones, lo que sostiene las ilusiones en la cumbre excelsa de lo mejor. Cuando uno tiene voluntad, sus sueños se van haciendo realidad, siempre que el orden y la constancia potencien la conducta.

Los perdedores y los triunfadores no se hacen de un día para otro, sino después de años de dejadez, abandono, desidia e indolencia crónica o, *por el contrario, de tenacidad granítica, que supera el antojo del momento y la filosofía del «me apetece».* Por eso la vida es un resultado personal, la suma de lo que hemos ido haciendo aquí y allá con nuestro patrimonio psicológico.

La palabra «trabajo» circula constantemente por los canales de esta sociedad moderna. El uso deteriora los términos, como el agua alisa las piedras y las pule cuando pasa con su corriente. Pero debemos estar advertidos: el primer latido de la vida personal se llama *trabajo* y el segundo, *felicidad*. Por el primero nos ganamos la vida y servimos a los demás; por el segundo experimentamos la satisfacción y el gozo de estar contentos con nosotros mismos, al explorar que los principales argumentos de la existencia van dando cierta respuesta positiva. *Trabajar con amor es lo más inteligente, haciendo de la profesionalidad una actividad experta que nos lleva al progreso personal.*

Desear y querer: la importancia de la voluntad

La importancia de la voluntad es absoluta. Solo ella nos determina. Todo comienza por el deseo, pero para llegar a buen puerto es necesario que este se transforme en algo que se *quiere*. *Desear y querer* son dos pretensiones distintas: la primera navega pilotada por los sentimientos, mientras que la segunda es guiada por la voluntad.

Desear es apetecer algo que se ve, que radica en la afectividad y suele depender de sensaciones exteriores. Aquí lo que se pretende suele ser periférico al proyecto y, por otra parte, la conducta que pone en marcha decae rápidamente, una vez que se ha satisfecho ese anhelo. Hay unos mecanismos que se disparan de forma más o menos inmediata. Un buen ejemplo de este tema sería el de los instintos o tendencias básicas: el hambre, la sexualidad, la sed...

Querer es verse motivado a hacer algo poniendo la voluntad por delante, pues sabemos que eso nos hace plenos, nos mejora, eleva nuestra conducta hacia planos superiores. Toda la conducta motivada apunta hacia la elección. Voluntad es elegir y elegir es renunciar. Este comportamiento necesita sacrificar lo cercano y apostar por aquello que ilusiona, pero que está aún en la lejanía. Ello complica las cosas, porque requiere ya un cierto grado de madurez. La respuesta se mantiene por el apoyo de una voluntad templada en una lucha firme y duradera.

Es el viejo dilema de *medios y fines*. Lo que mueve es algo bueno, que se manifiesta a la razón como algo por lo que merece la pena esforzarse. *La meta es un estímulo para la acción, sobre todo en los momentos difíciles*. Es punto de referencia por donde la voluntad se desliza, poniendo de su parte una y otra vez, venciendo los posibles desfallecimientos que asomen de fuera y de dentro.

En la práctica, desear y querer aparecen mezclados, pero en la teoría es bueno separarlos, para saber en qué terreno está cada uno. Cuando queremos, lo que hacemos es preferir lo mejor; y si la meta tiene grandeza, nos lleva poco a poco a una posición desde la cual vamos a ir siendo más dueños de nosotros mismos: pasamos de lo pasajero y temporal a lo imperecedero e intemporal. Pero ¿qué es lo que arrastra?, ¿qué hace que apuntemos hacia esa dirección?

El sentirnos motivados por aquello que nos interesa.

La motivación[3] *es siempre la representación anticipada de la meta, lo cual conduce a la acción.* A través de ella nos vemos llevados a realizar ese algo valioso que hemos elegido, que a la larga suele ser el alcanzar algo que nos llene realmente o, también, la pretensión de un mejor desarrollo personal.

El gran dilema estriba en la siguiente pregunta: ¿cómo fomentar la voluntad cuando siendo la meta buena, positiva, la vemos como algo bastante costoso y duro? Como he dicho antes, la respuesta es clara: *sabiendo hacer atractiva la exigencia y mirando siempre fijamente al horizonte de las ilusiones del provenir.* ¿Y de qué manera se logra? *Con inteligencia, sublimando los esfuerzos, no dándose por vencido cuando las cosas van mal, poniendo algunos toques sobrenaturales que nos elevan por encima de las circunstancias.*

Los esfuerzos y las renuncias de hoy tendrán su recompensa mañana. Solo quien sabe esperar es capaz de utilizar la voluntad sin recoger frutos inmediatos. La mejor de las metas es una ecuación entre felicidad y proyecto personal.

---

3. Cada etapa de la vida tiene su motivación más acusada. *Infancia, adolescencia y madurez son tres formas de estar en la realidad.* La primera es una etapa repleta de afectividad: el niño se siente arropado. La segunda es una ventana al exterior, un abanico de posibilidades; a esa edad la cartografía es casi ilimitada, todo es posible cuando se tienen entre quince y veinte años. La tercera ofrece ya resultados claros.

Para vivir e instalarse, la infancia, pero evitando el síndrome de Peter Pan. Para tener ilusiones, la adolescencia. Para saborear la vida a fondo, la madurez de la experiencia de la vida y del saber a qué atenerse.

La serenidad es la tranquilidad en el orden interior. Tener orden por dentro significa saber a qué atenerse, conocer lo que uno quiere hacer en la vida y haber ido diseñando un *proyecto personal* gracias al cual se motiva la existencia de acuerdo con un cierto programa previo. Todo eso destila dos cosas: *ilusión y alegría.*

Suelo decir, tomándome cierta licencia, que *psiquiatra es aquel médico que desciende hacia la intimidad para poner orden.* La definición más correcta es la de «médico que estudia la conducta humana y la mente tratando de corregir y curar sus desajustes y trastornos». De la misma se desprende el enorme campo de acción en donde trabaja, sobre todo en una sociedad como la que estamos viviendo, sujeta a cambios vertiginosos.

La serenidad significa paz, sosiego, calma, no perder la tranquilidad salvo que se trate de algún tema importante, decisivo. Pero, en los tiempos que corren, el estrés y la ansiedad nos envuelven, están a la vuelta de la esquina. Se trata de conseguir un clima psicológico de equilibrio, un cierto reposo sosegado para *aceptar las limitaciones y empujar con firmeza hacia las aptitudes.*

Aceptar de buen grado las limitaciones personales es *inteligencia y sentido de la realidad.* Es reconocer que solo podemos llegar a algunas cosas concretas, estar contentos trabajando en ellas y no perder el aplomo al ver que es imposible tocar demasiadas teclas. Cuando nos conocemos a nosotros mismos relativamente bien, las sabidas verdades personales se superponen y adquieren el nivel de costa utilitaria o de receta para funcionar cuando se tiene la impresión de que la inquietud y el desasosiego piden paso. El hombre inteligente sabe replegarse sobre sí mismo y reconocer su geografía: fronteras, límites, zonas intransferibles... ¡Qué paz queda cuando uno sabe conformarse!

Don Quijote, en su célebre «Discurso de las artes y las letras» (cap. XXXVII, «Donde se prosigue la historia de la famosa infanta Micomicona»), lo expresa de forma certera:

> Quítenseme delante de los que dijeron que las letras hacen ventaja a las armas (...), que los trabajos del espíritu exceden a los del cuerpo y que las armas solo con el cuerpo se ejercitan (...). Es el fin y paradero de las letras (...) poner en su punto la justicia (...) y hacer que las buenas leyes se guarden (...). Las armas (...) tienen por objeto y fin la paz, que es el mayor bien que los hombres pueden desear en esta vida.

Otras dos notas es preciso tener en cuenta: la *ilusión* por un lado y la *alegría* por otro. A cada una de ellas espero dedicarle más de un artículo. Pero ahora, en este contexto, solo quiero referirme a ellas de forma tangencial.

Como antes hemos dicho en la introducción, «Tener ilusiones», la palabra *ilusión* ha tenido una triste historia. Su sentido se ha relacionado con un significado de engaño, falsa imaginación, falsa esperanza, quimera, desvarío, delirio, utopía, ensueño, ficción..., como demuestran las expresiones populares «hacerse ilusiones» «de ilusión también se vive». Sin embargo, desde 1967, el término se entiende como algo positivo.

Dicho en términos más rotundos: tener ilusiones es la

forma más certera de ver la felicidad. Nos pasamos la vida pensando en el día de mañana. En el porvenir está lo mejor, lo que aún no ha llegado y esperamos con el deseo de que se haga realidad.

Y, por último, dos líneas sobre la *alegría*: es la satisfacción de arribar al objetivo propuesto después de luchar con tenacidad juvenil.

El aburrimiento

Hace tan solo unos días he recibido una carta de uno de mis lectores, una chica de algo más de veinte años, en la que me dice que lo que le pasa es que se aburre, que hay muchas horas en las que no sabe qué hacer. Y es curioso, también, que la pregunta habitual que hago en mi consulta a las personas que vienen por primera vez es: «¿A usted qué es lo que le pasa?». La pregunta interroga por aquello que le está sucediendo en esos momentos, lo que le produce inquietud, le angustia o le preocupa.

A mí me sorprende mucho que alguien pueda aburrirse. Lo comprendo, pero me da mucha pena, sobre todo cuando uno se da cuenta de lo corta que es la vida y la cantidad de cosas interesantes que pueden llenarla. Pero la clave está en la falta de ilusión. No hay nada que entusiasme, que tire, que empuje, que arrastre con su fuerza hacia delante. Todo se vuelve soso, insípido, indiferente, como si se tratara de una neblina difusa que avanza lentamente y cubre con su manto todo lo que invade. Es como *vivir sin apostar el corazón en nada*.

Me explica dicha lectora en sus líneas que los días se le pasan sin nada que llevarse a la imaginación, sin nada capaz de despertar en ella un atisbo de esperanza, algo que la despierte de su letargo. El asunto es más grave de lo que pueda pensarse a primera vista, porque *el aburrimiento como estado de ánimo habitual es la vida depresiva*. En su seno se hospedan sentimientos parecidos: apatía, desgana, tristeza, falta de proyección futura, desazón, incapacidad para tener algo entre manos y disfrutar con ello.

Decía La Rochefoucauld que «el aburrimiento ha causado más víctimas que la voluptuosidad, más borrachos que la sed y más suicidas que la desesperación». Leopardi lo expresaba diciendo que «el hastío frena más la felicidad que los dolores de cualquier enfermedad».

No me refiero aquí a los pequeños aburrimientos que son fugaces, transitorios, pasajeros, ráfagas huecas que se mueven estelarmente por nuestros escenarios mentales para desaparecer sin dejar rastro. No, yo me refiero a una forma más profunda y densa, a ese aburrimiento que sobrevuela de modo insistente y que produce una especie de cansancio y hastío que carcome la vida y la horada, hasta perforarla y dejarla hueca, vacía, sin sustancia. La cabeza sin nada y el alma dormida dan pie a una situación personal a la que hay que poner remedio.

A esta joven que me escribe me entran ganas de gritarle para que se sacuda esa pereza en la que se encuentra sumida y sea capaz de descubrir todo lo bello, grande y hermoso que tiene la vida. *Hay que educar la mirada para que pueda percibir lo mejor de la realidad*. El pesimista lo ve todo negro, pero el individuo que tiene ilusiones concretas explora su entorno buscando lo valioso. El hombre lleno de objetivos y planes muchas veces *no tiene tiempo para nada*. Aquí sucede lo contrario: *el aburrido no tiene nada para el tiempo*.

Un conglomerado de ausencias, de gente desilusionada de casi todo, con el bostezo a la vuelta de la esquina. Este clima tiene unos matices de cansancio monótono y saturación pesada, de paisaje indolente, indefinido, insípido, sin alma. Hay que hacer algo por escapar. Y para salir de este atolladero hueco sugiero tres recetas:

1. *Recuperar la capacidad de sorprenderse*, de no pasar por alto tantas realidades positivas como nos topamos frecuentemente: una persona que acabamos de conocer, el amigo con el que hace días que no cruzamos palabra, la calle que recorremos habitualmente cuando vamos al trabajo y que tiene una belleza singular... En definitiva, *mirar lo de siempre con ojos nuevos*.

2. *Poner amor en las cosas que hacemos cada día*. Estrenar cada mañana una sonrisa nueva a pesar de las dificultades y sinsabores que tiene cada existencia personal. Hacerlo todo de forma artesanal, ser orfebres de la conducta, que elude la ramplonería, la dejadez, el abandono, esa desidia que si no andamos con cuidado se cuela por las rendijas de nuestra personalidad y es capaz de echar por tierra las mejores jugadas del partido.

3. *Trabajar con una metas concretas*, es decir, con objetivos claros para mejorarnos en algún plano personal: nuestro carácter, nuestra forma de responder a las dificultades cuando estas afloran.

Veo mucha desorientación en cosas fundamentales. *Malos tiempos corren cuando hay que enfatizar lo obvio*. Son muchos los factores que han contribuido a ese estar perdido, desconcertado, sin hacer pie y sin tener unos referentes claros, coherentes, firmes, que empujen con fuerza toda la existencia hacia delante, luchando por superar los obstáculos que se vayan presentando.

El que está perdido no sabe hacia dónde va. Y necesita irse encontrando, recuperar la dirección, el rumbo, la trayectoria por donde circula de la mejor manera posible. ¿Qué ha pasado en las últimas décadas en nuestro mundo para que esto se haya producido?, ¿cuáles son las claves que explican este fenómeno de perder el derrotero y no encontrar el trazado para dirigir la vida personal hacia buen puerto? Entiendo que las variables que se entremezclan en el origen de este hecho son las siguientes:

1. *Los cambios vertiginosos en los últimos años en cuestiones esenciales*. Hoy la vida va demasiado deprisa, pero no me refiero solo a su ritmo, sino también a los ingredientes que se alojan en ella. Los avances, la técnica, las modernas investigaciones han revolucionado las formas de vida. Asistimos al desgaste de los materiales sólidos con los que se edificaban las ideas y las creencias, y que daban firmeza, plenitud y felicidad. *Todo arde en el mercado de la modernidad*: unas cosas queman y dan fuego, pero otras, desgraciadamente, se desvanecen y dejan al hombre huérfano de los principales valores.

2. *La malversación de las palabras, que ha llevado al uso, abuso y falsificación de los conceptos primordiales.* Existe toda una manipulación que desdibuja y trivializa las nociones. Un ejemplo es el deterioro de la palabra *amor*. Yo, cada vez que la oigo, me pongo en guardia a ver de qué se trata, de qué me van a hablar a su costa. En tanto que estafa del lenguaje, es apariencia hueca, que suena sin contenido.

3. *El bombardeo constante de noticias e informaciones a través de los grandes medios de comunicación.* Información minuciosa, milimétrica, precisa, casi siempre centrada en temas negativos o polémicos, que nos dejan fríos y desencantados; información que no es formativa, que no hace al hombre más maduro, ni lo mejora ni lo enriquece, sino que le deja en un estado de ánimo que bascula entre el pesimismo, el no saber a qué atenerse y el pensar lo mal que está el mundo. Esta visión sesgada se cuela de manera insensible, sin que nos demos cuenta, y va calando en nuestro interior. Su defecto va a conducir a lo que yo llamo el *síndrome del exceso de información*,[4] que no se da solo en este terreno, sino que se hace extensivo a los campos profesionales más diversos. Cualquier disciplina académica, la que sea, tiene hoy tal riqueza de datos, referencias, investigaciones y reseñas que uno puede perderse en esa selva de notas y citas si no anda con cuidado.

La persona que padece este *síndrome del exceso de in-*

4. Véase en el capítulo siguiente, *Sobre el mundo que nos rodea*, un apartado dedicado a esta cuestión.

formación suele tener los siguientes síntomas: ansiedad e inquietud descontrolada; mejor dicho, *aturdimiento por abundancia y dispersión*, que colma el vaso pero sin saciar.

Los periódicos nos someten a un ametrallamiento muy similar. Es menester saber *hacer una criba* de todo eso que se recibe, sobre todo por higiene mental; es menester *descifrar el criptograma de datos* que nos llegan, como en cascada, unos detrás de otros. Hay que buscar las claves haciendo una labor de síntesis: *quedarse con lo esencial, almacenarlo y tirar lo que estorba*. Ese trabajo intelectual no es fácil y requiere un cierto entrenamiento en la tarea de separar el trigo de la paja.

Repito, *el desbordamiento por saturación* produce ofuscación, perplejidad y confusión. El sociólogo francés Pierre Bourdieu habla sobre ello en su libro *Sobre la televisión* (1997). El paisaje mediático constituye hoy una amenaza para la sociedad. Son tantas las noticias, hechos e informaciones que recibimos que nadamos en la abundancia. Pero ¿para qué? ¿Necesitamos tanto para seguir funcionando? Es evidente que la información, y sobre todo la información privilegiada, significa poder. Pero tan mala es su carencia como su plétora. Hay que buscar la justa medida: mantenerse informado sin perder el equilibrio psicológico, ya que ese mundo tiene sus propias leyes y constituye un microcosmos al que hay que saber asomarse, si no quiere uno caer primero en la ansiedad, después en cierta reacción depresiva y, finalmente, estar perdido y sin saber a qué atenerse, confuso a la hora de interpretar la vida y sus formas. Esta hipertrofia enfermiza que nos atiborra nos conduce, finalmente, a una *indiferencia por saturación de contradicciones.*

4. *La presentación permanente de vidas conocidas sin mensaje interior.* Aquí se lleva la palma la televisión. Da pena asistir al espectáculo de los personajes que en ella aparecen: futbolistas (una y otra vez), modelos (hoy tan de moda) y artistas diversos. Pocas veces asistimos a una entrevista valiosa, profunda, de alguien que enseña otra visión de la jugada de la vida. Y no digamos nada de las revistas del corazón —a las que dedicaremos una mención especial—, que representan el mínimo denominador común de la cultura de masas. Mucha gente sueña con las cosas que les suceden a otros.

5. *La ausencia total de líderes.* «Líder» es una palabra de procedencia inglesa, *leader*, que significa guía, jefe, conductor, persona que va delante enseñando con su tipo de vida un estilo superior de existencia. En esas personas podemos ver los grandes argumentos repletos de sentido, atractivos, sugerentes, invitándonos a seguir en esa dirección. Ésa es la tarea del educador: dirigir, orientar, descubrir lo mejor de lo que el hombre es capaz, haciendo atractivo lo que es costoso, pero sabiendo que merece la pena alcanzarlo. Nos convertimos así en tristes vagabundos de Samuel Beckett, esperando a que en el escenario público surjan hombres de una pieza que alumbren sin deslumbrar. Esta ausencia lleva a uniformar a la masa en el peor sentido de la palabra, otorgándole la victoria de una mediocridad que se va imponiendo día a día.

6. *La desorientación moral.* La moral es el arte de vivir con dignidad, como corresponde al ser humano. También

es el arte de usar de forma correcta la libertad, poniendo en juego los mejores recursos de nuestra naturaleza. Las costumbres hacen y deshacen al hombre, lo elevan y lo rebajan de nivel, refuerzan su libertad o la reducen. *La moral es la estética de lo mejor.*

Julián Marías, en su libro *Tratado de lo mejor*, dice que esta afecta a la condición de la vida en su totalidad, que se dirige hacia el bien, viviendo a fondo en la verdad: «*Lo óptimo* es la meta de una utopía, mientras que *lo mejor* conecta con lo real» (la cursiva es mía). Se desciende así hacia lo que Gilles Lipovetsky ha llamado *la ética indolora* y lo que yo he denominado *la moral light*, tejida de esa tetralogía disolvente y giratoria, de la que ya hemos hablado, que acaba en el nihilismo: hedonismo-consumismo-permisividad-relativismo. Es la *apoteosis de los escenarios nihilistas*. Una vez que han caído las ideologías globalizadoras, se mantienen unas exigencias morales muy básicas. De ahí transitamos hacia una auténtica desorientación moral al diluirse los criterios personales e ir hacia los sociales. Erosión demoledora en la que estamos y que oscila entre la levedad y la dispersión, la sugestión por lo inmediato y el éxtasis de la facilidad.

¿Cómo orientarnos en un mundo tan cambiante, complejo y poliédrico? Los famosos eslóganes del 68 francés: «Disfrutad sin trabas», «Prohibido prohibir», «Pide lo imposible», han producido unos efectos imprevistos. Una sociedad desarmada moralmente va a la deriva al desvanecerse sus fundamentos. Las fronteras entre el bien y el mal ya no tienen unos límites claros, se desdibujan entre los muchos hilos que trenzan el tapiz de lo que debe ser el hombre.

7. *El relativismo moral.* Lo que distingue a los hombres es su tipo de vida, lo que llevan dentro y los valores de los que son portadores. La filosofía del relativismo desemboca en el escepticismo: la indiferencia por saturación de contradicciones defiende que la verdad no existe o que el hombre es incapaz de alcanzarla. El relativismo como forma de pensamiento tiene un tono devorador, hace tabla rasa de todo lo que encuentra a su paso. Se produce así la *absolutización de lo relativo.*

Para evitar estar desorientado lo mejor es tener ideas claras sobre lo que es la vida y, por supuesto, sobre uno mismo. *Pero la formación no se improvisa: necesita estudio, tiempo y que los conceptos se vayan sedimentando.* Vivir sin norte, engañados, tirando, no es vida. En ese espacio interior que es nuestra cabeza, se remansan las ideas, que serán garantía de libertad para saber cómo conducirnos en este mundo apasionante, caleidoscópico y un tanto errante.

Se necesitan modelos de identidad fuertes que enseñen las claves para vivir. *Enseñar es seducir por encantamiento.* Descubrirle a alguien pistas, vertientes, parajes de luz que arrastren de forma sugestiva hacia valores seguros, sin caducidad. Y transitar por ellos. Lo que debe volver es la coherencia esforzada, que lucha titánicamente por no dejarse llevar por la moda del momento, que hoy es de un color y mañana de otro. Hay que expulsar del recinto propio el cinismo, que a la corta es trecho carretero pero que, a la larga, es devorador y conduce al vacío. En definitiva, recuperar el prestigio de la política de las pequeñas contabilidades personales.

La ilusión es el motor de la vida. Tener ilusión es querer algo de cierto nivel, proyectarse uno con afán de mejorar. Es un enamoramiento de la propia trayectoria, reconociendo sus vacíos y limitaciones, que son parte sustancial de la condición del ser humano. *Ilusión es convertir el futuro en libertad y posibilidad.*

capítulo

ocho

Sobre el mundo que nos rodea

Un mundo sin héroes

Vivimos en una época en la que la televisión lo llena casi todo. Ella legitima nombres, ensalza, derriba, asciende, arrasa y crea nuevos héroes. Pero la televisión sigue estando bajo mínimos, y esto es general en casi todos los países, con pequeñas excepciones.

Los personajes que en ella aparecen son siempre los mismos: futbolistas, modelos, cantantes y algún político muy conocido. En las entrevistas, después de hablar de sus vidas y temas personales, a unos y otros se les pregunta por cuestiones de cierto calado, como la vida, el éxito, el fracaso, el amor y, por supuesto, a qué se dedican, de dónde vienen, cuál es su próximo destino. Quienes dirigen esos programas argumentan casi siempre lo mismo: «Nosotros, lo que queremos es que la gente se distraiga, se relaje, olvide sus problemas y no piense».

Un mundo sin modelos carece de referentes firmes. Para ir avanzando en la vida todos necesitamos un *modelo de identidad*, es decir, un esquema psicológico previsto que sirve de espejo donde mirarse y con el que se establecen unas estrechas relaciones de aproximación gradual.

Cuando uno es joven está lleno de posibilidades, el mundo se muestra con toda su riqueza. Solemos decir: «Cuando sea mayor, me gustaría ser médico, arquitecto, ingeniero, periodista...», como tal o cual persona. El modelo es un punto de referencia en el espacio humano que destaca sobre el paisaje personal, se eleva y nos alumbra presentando un estilo de vida atractivo, sugerente, que tira, que empuja en esa dirección. A eso se le llama en la psicología actual *motivación*, palabra derivada del latín *motus* (algo que mueve). Al principio los padres deben ser el mejor modelo de identidad, con un tipo de vida coherente, firme, bien trabado, en el cual emergen los valores y sirven de imán, arrastran con su magnetismo.

Pero cuando uno es mayor, la vida se puebla de resultados. La trayectoria personal ha dejado una estela de rendimientos y desenlaces. Queda patente lo que hemos ido haciendo con nuestra vida. Ya hay materia para trazar un balance.

Al hacer ese recuento biográfico cada segmento íntimo rinde cuenta de su viaje, y uno se adentra en sus cuatro geografías primordiales: el amor, el trabajo, la cultura y la propia personalidad. Cada una con sus amplias ramificaciones, que le dan frondosidad y riqueza.

Si uno se empeña en parecerse a alguien y pone todo su esfuerzo en ello, lo consigue. *Querer es poder*. La voluntad llega a un destino si hay motivación. *La apoteosis de la ilusión culmina, tras esfuerzos repetidos, en la meta soñada.* Lo diré de otra manera, *la voluntad y la motivación forman el puente levadizo hacia el castillo de la felicidad.*

Si la felicidad es ilusión por alcanzar una cima, el modelo de identidad es el anzuelo para engancharse y pujar hacia ese horizonte. Llamo a mis lectores, jóvenes y maduros, a pensar en todo esto. El héroe es necesario siempre que sea asequible, cautive y tenga poder de seducción para mejorarle a uno y lanzarle en la pirueta intrépida de poner sobre el tapete lo mejor que uno lleva dentro.

La filosofía es meditación sobre la vida, mientras que la psicología es el cauce para comprender la conducta y corregir su rumbo siempre que sea preciso. Pero ahí está siempre al acecho la televisión, una auténtica *factoría de banalizaciones en cadena.* Yo prefiero otra visión de la jugada. Sugiero pensar, con sosiego y serenidad, a la altura de la vida de cada uno y volver a empezar, con frescura y renovadas ilusiones.

El que no sabe lo que quiere no puede ser feliz. El que no tiene un modelo de identidad navega con un timón rotatorio y un piloto sin norte. Las motivaciones íntimas se orientan en su galaxia según los dictados de la voluntad recia y consistente. Eso es lo positivo. Allí se alberga el código secreto del recorrido de cada uno.

El síndrome del exceso de información

Cada época tiene sus notas peculiares y también algunas formas particulares de enfermar. Una de esas patologías de hoy es la *anorexia-bulimia*, ese trastorno psicológico de la alimentación consistente en la obsesión por no engordar, que lleva a una sintomatología de ida y vuelta: la persona pasa de negarse a comer para mantener el tipo al descontrol de las crisis de glotonería. Es un mal esencialmente juvenil —aunque desde hace unos años empieza a observarse también en mujeres maduras— y femenino, ya que solo el 10 por ciento aproximadamente se da en chicos. Los medios de comunicación y las modas han puesto la enfermedad de relieve.

Otra modalidad es el *síndrome por exceso de información*, del que hemos hablado antes, que consiste en un cierto estado de ansiedad, inquietud, descontrol emocional y aturdimiento, como consecuencia de disponer de demasiados datos y detalles de algún tema en concreto. Esto es válido no solo en el terreno profesional, sino también respecto a esa lluvia de noticias que prensa, radio y televisión nos transmiten permanentemente.

Yo extrapolo esto a la gran cantidad de comentarios y hechos que nos llegan desde el último rincón del globo. ¿Necesitamos tanto para seguir funcionando? Es evidente que la información significa poder. Pero tan mala es su carencia como su exceso. Hay que buscar la justa medida. Ese mundo tiene sus propias leyes y constituye un microcosmos al que hay que saber asomarse si uno no quiere caer en la ansiedad primero y en cierta reacción depresiva después.

Psicología de las revistas del corazón

Una de las metas esenciales es llegar a comprenderse sentimentalmente. Buscar la cartografía afectiva, el mapa que describe los mejores itinerarios para llegar al tesoro escondido. Es una especie de manual de supervivencia, un misterioso aprendizaje de vericuetos, caminos y valles por donde sortear las dificultades y arribar a la geografía sabia que explica el porqué de tantas conductas nuestras, la mayoría de las veces enigmáticas e incomprensibles.

Las revistas del corazón siguen estando de moda. Cada semana, la vida privada de los personajes públicos es puesta sobre el tapete y analizada al milímetro. Sus muchos consumidores piden más información, reclaman noticias, aclaraciones, matices, antecedentes y consecuencias de, por ejemplo, una ruptura; mensajes, avisos, advertencias y, por supuesto, fotos. Parece que nunca quedan satisfechos con los reportajes. Quieren todavía más. Estos medios de comunicación fabrican personajes de seres humanos con escaso interés real. Pero las cosas son así.

¿Qué es lo que está pasando? ¿Por qué esta fiebre, esta pasión por conocer la vida de tales sujetos y después comentarla al detalle, traerla y llevarla de acá para allá? El fenómeno es complejo y ofrece muchos ángulos. Voy a tratar de penetrar en su interior, buscando los principales motivos de esta onda expansiva social.

El ser humano tiene dos segmentos esenciales en su vida: el *público* y el *privado*. El primero se puede observar con relativa claridad. El otro es interior y remite al análisis de la trayectoria personal subterránea, la verdad de uno mismo. La faceta pública es sometida a inspección por los «asesores de imagen»: estos «venden» un tipo de hombre que, por una serie de motivos, puede tener garra en la vida política, social, económica... Más tarde, las revistas del corazón nos abren las puertas de la casa de los famosos o conocidos de cierto relieve. Uno entra en ella y observa su modo de vida, su familia, sus actividades.

Está claro que esas personas son actualidad. Tienen, en ese momento concreto, una fuerza tal que desplaza a otros acontecimientos y los sitúa en el centro del interés general. Pero ¿por qué este interés por curiosear en la intimidad de esos personajes? En una primera aproximación respondería que *nada interesa tanto como la vida ajena* o, dicho de otra forma, que *la vida sigue siendo la gran cuestión*. Saber lo que otros hacen con la suya y compararla con la nuestra. Así, nos reflejamos en el espejo de los demás y, por tanto, nos exploramos.

Viendo las revistas del corazón nos sentimos participar en la vida de gente importante, que llega a resultar cercana, familiar. Creemos compartir su intimidad y comprobamos con cierto gozo que están sometidas a las mismas pasiones que las que uno tiene y también a fracasos, dificultades, tristezas, reveses. De ese modo, el grado de identificación es alto. Se aprueba una conducta, se repudia otra y se va dibujando un sistema de preferencias merced a esta o aquella historia.

Los consumidores permanentes de revistas del corazón suelen negar en público que las leen, en especial los hombres; parece que descalifica leer esas historietas que tienen siempre el mismo *ritornello*. *Las revistas del corazón re-*

presentan la banalización de las vidas rotas y de los personajes que suenan.

El corazón y los hilos de la vida

La vida personal es siempre lo suficientemente compleja como para que nos sumerja de vez en cuando en un estado de cansancio, de agotamiento. La lectura de las revistas del corazón significa una huida de uno mismo, aunque sea muy pasajera; una fuga momentánea de los problemas y los agobios.

Pero este modo de evasión traduce *un vacío de intereses*, ya que uno podría escoger otro mecanismo de huida y no este, desde leer un buen libro hasta ir a ver a un amigo, pasando por cultivar alguna afición más o menos creativa. Pues no, se elige el camino más fácil, que en algunas ocasiones descubre una *morbosidad* más o menos difusa: un ligero regusto de contemplar la desgracia ajena —sobre todo cuando se trata de gente conocida, que de algún modo ha conseguido un cierto éxito o resonancia social— y, a su vez, de poder *comentar* el tema a fondo con otras personas del círculo en donde esta se desenvuelve. Comentarios, observaciones, críticas, versiones de los hechos, interpretaciones y detalles se arremolinan en torno a esas conversaciones que son tema de muchos diálogos de arriba y abajo. En ellos se va dando una visión de la vida.

Hay morbosidad en tanto que se recrean en la vida ajena rota, partida, fragmentada, más o menos fracasada. Pero también, al tener delante errores, equivocaciones, tropiezos y naufragios de otros, se percibe un gozo difuso de sentirse igual o superior a ellos: ¡también a los famosos les pasan cosas! Sobre todo en una época en la que hemos querido borrar las jerarquías sociales y estas rebrotan solas, casi espontáneamente.

Por otra parte, *uno tiene la impresión de codearse con las figuras mágicas del momento*, de seguir la pista de esas vivencias y los derroteros que van tomando. Entonces, miles de preguntas brotan de esa lectura, pero lo hacen de manera subliminal, soterrada, inconsciente, etérea: ¿cómo va mi proyecto personal?, ¿estoy en buena línea?, ¿qué nuevas ilusiones tengo a la vista?, ¿me esfuerzo por cambiar lo que no va bien, rectifico el rumbo?

Las personas con una vida más intensa, sobre todo en lo profesional e intelectual, no suelen zambullirse en dichas lecturas. Sería una sorpresa ver a un profesor universitario o a un hombre de ideas haciéndolo. Ellos argumentarán que son revistas para pasar el rato, y pasar el rato quiere decir que no se tiene grandes inquietudes culturales ni grandes ideales. Recuerdan de algún modo a aquellos cuentos de hadas que leíamos de niños y que siempre acababan bien. Ahora se trata de historias reales que suelen terminar mal y a cuya reconstrucción o derribo se asiste ensimismado.

De otra parte, estas revistas ponen de relieve que estamos volviendo a *un nuevo romanticismo*, aunque con distintos perfiles que en el siglo XIX. Hoy interesa todo lo relativo a la afectividad y el mundo sentimental, aunque servido de un modo diferente.

Así pues, *el corazón sigue moviendo los hilos de la vida*,

sigue contando a pesar de todo. Quizá sea este el mensaje más positivo de estas publicaciones, que no nos hacen pensar ni nos obligan al más mínimo ejercicio intelectual. Simplemente nos nutren para las próximas conversaciones y sacian nuestra curiosidad divertida, *light* y epidérmica.

El corazón, la afectividad en una palabra y todo lo que de ahí se deriva, debe estar impregnado de ilusión: *anticipación de lo mejor* como posible, con realismo exigente, que es la mejor manera de moverse. Hay un terreno fronterizo de términos cuyo territorio es movedizo: alegría, placer, entusiasmo, esperanza. *La ilusión nos transporta al futuro.* El corazón vuela, se adelanta, pero la cabeza nos mantiene fijos en la realidad.

capítulo
nueve Sobre las palabras y su sentido

Palabras: las taquígrafas de la experiencia

En su libro *Amor y pedagogía*, Unamuno nos muestra una serie de personajes de novela que responden a fórmulas determinadas para entender lo que es el ser humano, dándole intensidad y dramatismo al relato descriptivo. De este modo, la biografía del otro se hace transitable. Asimismo, el psiquiatra recorre segmentos de la intimidad ajena, buscando las claves que le hagan comprender el porqué de aquella conducta. Uno se convierte así en un excursionista retrospectivo que va colándose por zonas y territorios vividos, descubriendo razones y afectos e ilusiones trenzadas de experiencias.

Pues bien, las palabras interiores son nuestras silenciosas compañeras de viaje, nos dan mensajes, observan, comentan y dialogan con nuestro *yo*, sombra de la personalidad. Como decía Antonio Machado, «converso con el hombre que siempre va conmigo». Los vínculos entre pensamiento y lenguaje son muy estrechos, por eso hay lenguajes exteriores e interiores. Mediante los primeros somos capaces de relacionarnos con los demás. Las palabras constituyen la taquigrafía de la experiencia, nos ayudan a captar los signos que arropan el habla y que llamamos *lenguaje no verbal*: gestos, ademanes, silencios, posturas, caras.

Gracias a las investigaciones de Jean Piaget sabemos que la aparición del pensamiento es anterior al lenguaje, del mismo modo que tenemos claro que la gramática es posterior al lenguaje hablado: un niño de tres, cuatro o cinco años se expresa a su manera, dice lo que quiere y se le entiende.

Sin embargo, al igual que las palabras pueden facilitar el pensamiento, también pueden limitarlo. El lenguaje dirige el pensamiento y esto a su vez lleva emparejada una cierta representación. Si estoy hablando con una persona agresiva y descontrolada, mi pensamiento va fabricando un *lenguaje subliminal* que critica esa actuación y por el cual la imagen que me queda de ese sujeto resulta negativa: personalidad desequilibrada o poco ecuánime que pierde el control con demasiada frecuencia. De ese modo se ensamblan diversos ingredientes en el mismo acto psicológico.

El pensamiento está constituido por *lenguajes privados* e *imágenes*. Los primeros circulan, dan vida, van y vienen, se mueven, oscilan; los segundos logran una síntesis que se graba e ilustra la mente: es el concepto.

En mi lectura de *Bodas de sangre,* de Federico García Lorca, suscitada por la representación de *Doña Rosita la soltera* en el madrileño Círculo de Bellas Artes, he podido disfrutar de la belleza de las metáforas, que empuja la imaginación y le pone alas. De esos apasionados amores andaluces se dice:

El agua era negra
dentro de las ramas.
Cuando llega al puente
se detiene y canta.
Quién dirá, mi niño,
lo que tiene el agua
con su larga cola
por su verde sala.

El lenguaje poético no hace otra cosa que dilatar la percepción de la realidad, lo cual nos transporta hacia bellos paisajes.

En resumen, las grandes vivencias retienen palabras, mensajes interiores que envuelven y atraviesan esos instantes. En la *alegría* la fiesta aflora con frases bellas, suaves y frescas; en la *depresión*, la persona se deja invadir de pensamientos negativos, pesimistas, que deforman los hechos en su contra, en un soliloquio desmoralizador y cerrado al futuro. En ese caldo de cultivo la mente va y viene de lo más negativo a lo peor. En el curso de la *ansiedad* los anuncios y misivas traen malos presagios.

El pensamiento va siempre acompañado de una cantidad enorme de información: sentencias, locuciones, pasajes y aforismos que discurren entre las ideas y nos dicen cómo está en ese momento el propio estado de ánimo.

Binomios con muchos matices

El mundo de las ideas está lleno de matices. Cuando uno bucea en los conceptos se da cuenta de las diversas gamas que emergen de la realidad y cómo se abren segmentos diferentes que aclaran, destacan, posponen y dejan al descubierto una sinfonía de aspectos. Esto es lo que sucede con las palabras *ver* y *mirar*: *ver es abrir los ojos y dejar que entre una imagen en nuestra retina; mirar es captar algo, detenerse, fijarse en lo que se observa con atención y minuciosidad.*

La lengua es un océano donde uno navega sorteando arrecifes de palabras hasta encontrar la más adecuada. A quienes nos gusta escribir, nos damos cuenta con mucha frecuencia de las limitaciones que tenemos a la hora de expresarnos. Da la impresión de que uno no acaba de encontrar la forma más atinada para decir lo que quiere. Se cortocircuitan los términos y se conexionan, implicándose mutuamente. Los diálogos técnicos, con la gramática en la mano, se hacen rigurosos, profundos, sostenidos, densos.

Hay varios binomios de palabras a los que me gustaría referirme: *ver y mirar; oír y escuchar; entender y comprender; informar y formar*. En todos ellos se establece una relación que va de la superficie a la profundidad.

Cuando, por ejemplo, uno está dando una conferencia ante mucha gente, *ve* a una muchedumbre que está delante, un conjunto. Pero si una persona se encuentra en primera fila y es atractiva, pongo por caso, uno la *mira*: se detiene en ella y lleva a cabo un trabajo lento y parsimonioso; pone atención, intensidad y precisión. En un contexto más cercano, más íntimo, la proximidad de la persona nos hace sacar algunas conclusiones morfológicas: es guapa, atractiva, tiene unos ojos bonitos..., y llegamos así a la «tarjeta de visita»: la cara. La cara es pragmática, anuncia el proyecto vital que se hospeda dentro de esa persona. *Todo el cuerpo depende de la cara.* Si, además, entablamos una conversación, entonces nos adentramos en planos más profundos, aunque solo sea un primer escarceo. ¡Dice tanto la mirada de una persona!

En el maratón que supone cada año la firma de libros en la Feria del Libro de Madrid, tengo la oportunidad de *ver* a mucha gente, pero pocos son aquellos a los que suelo *mirar*. Guardo en la memoria a una chica de unos treinta años, bien parecida, que una vez me dijo: «Doctor Rojas, su libro *El amor inteligente* lo he leído en una semana y me ha ayudado mucho a entender mi problema actual, la relación con mi marido. Yo creía que era suficiente estar enamorada para que el amor funcionara». Fue una conversación de unos cinco minutos..., pero ese escaso tiempo, cuando uno está en plena firma, es mucho, pues cada minuto que corre tiene su peso.

Oír es percibir sonidos que nos llegan y que más o menos se mueven a nuestro alrededor. Por ejemplo, cuando uno va por la calle en una ciudad que no conoce y quiere pedir ayuda sobre su orientación, para conocer una determinada dirección, es frecuente decir: «¡Oiga!». Se trata, pues, de una llamada superficial.

Escuchar, por contra, es prestar atención a lo que alguien está diciendo, seguir su discurso con los cinco sentidos, recibir sus palabras para coger su contenido. Cuando una persona está enfadada con otra y esta le recrimina con cierta dureza, es habitual decir: «Te oigo, pero no te escucho».

Entender es ir hacia otra persona. *Comprender* es abrazar, ponerse en el lugar del otro, aliviar. En definitiva, interpretar al otro metiéndose en su pellejo. En esta labor que conjuga la inteligencia y la afectividad se procura espigar lo esencial.

Informar es transmitir conocimientos sobre un tema concreto, para que alguien se entere de las grandes líneas y trazos de ese asunto. *Formar* es ya una operación más completa, que busca el porqué de una materia. Es fundamental educar para percibir las gradaciones de las cosas que se muestran ante nuestros ojos.

Botarate

En una ocasión, en una animada cena, alguien comentó de una persona que salió a la palestra que era un *botarate*. Hacía mucho tiempo que no oía yo esa palabra. Tiene un sonido cacofónico y su pronunciación es casi catártica; hay tras ella una sensación de desahogo limpia, rotunda, clara, saltarina y burlesca.

La definición exacta de «botarate» es la siguiente: «Hombre alborotado y de poco juicio», según consta literalmente en el *Diccionario de la lengua española* de la Real Academia. En algunos países de Centroamérica y Sudamérica, se refiere a una persona manirrota, derrochadora, sin tino para el dinero. Las palabras anterior y posterior a esta en dicho *Diccionario*, por su proximidad semántica, tienen alguna relación con el concepto que nos ocupa. Aparece, por un lado, el término *botar*, y en una de sus acepciones leo: «En el juego de la pelota, saltar o levantar la pelota cuando da con un cuerpo sólido». Por el otro lado asoma la palabra *botarga*: «Vestido ridículo de varios colores que se usa en las mojigangas y algunas representaciones teatrales. Llámase también así al sujeto que la lleva». Observo con curiosidad que, a continuación, los términos corresponden a nociones marinas. Así, *botavara*: «Palo que, asegurado a uno de los mástiles y extendiéndose horizontalmente hacia popa, sirve para cazar la vela cangreja». Y *botavira*: «Cabo que se pasa por seno a una pipa, cañón u otro útil que se conduce rodando sobre polines». En ambas observo mucho cabo suelto que va de aquí para allá intentando amarrar bien los dispositivos propios de la marinería, como le ocurre al botarate, que anda de acá para allá, como una veleta giratoria y sin cartografía.

El botarate es persona versátil, cambiante, cantamañanas, que habla y actúa sin fundamento, sin pensar bien lo que dice y cuáles pueden ser las consecuencias de su conducta. Es chiquilicuatro, chisgarabís, enredador, fantoche, con una ligereza gansa y tonta que divierte a los que en su entorno contemplan sus andanzas, como si se tratara de un toreo de salón, pero que para sus allegados supone un sufrimiento fino, torpe, mezcla de muñeco de feria y payaso juguetón que sorprende por su vacuidad.

Repetir la palabra «botarate» produce cierta sensación refrescante. Psicológicamente uno siente que ha expulsado algo que necesitaba salir de su escondrijo por lo gaznápiro, insensato y necio de su misma esencia. *El botarate es alguien sin criterio, tarambana, títere de la vida, mamarracho en los grandes temas de la existencia.* Es zascandil y trasto, calamidad y bodoque, enredador y mequetrefe. Su seguimiento deja un rastro saltarín y, como dicen en el País Vasco, sinsorgo, cascabelero y vaina.

La palabreja con la que suele acompañar sus idas y venidas no tiene sustancia. Produce una sensación volátil y huidiza al referirse a este tipo humano. Pero, a su vez, tiene una connotación agreste, ruda, como sin domar.

Para un psiquiatra el botarate resulta una pieza interesante por infrecuente y, en cierto sentido, incalificable. Hay que recurrir al perímetro del mismo término para entrar en su geografía y describir lo que se encierra en sus valles y colinas. Desde luego, se trata de una persona inmadura, en la que se observa claramente el desfase entre la edad cronológica y la mental. Es también un sujeto divertido, liviano, epidérmico, superficial; pero, como el vino blanco joven, entra sin que nos demos cuenta y luego produce un cierto aturdimiento, no exento de una sonrisa burlona de fondo.

De entrada su trato es agradable, por su frescura y espontaneidad.

Cuando lo mencionamos para referirnos a alguien, notamos que deja una huella de desprestigio. Su condición es navegable, y sus oscilaciones recuerdan la inestabilidad de las olas cantábricas y su clima. Es toponímico propio del joven sin voluntad ni constancia.

En la Andalucía mediterránea y atlántica hay una forma

de decir esto que tiene resonancias árabes: *estar volado*. En algunas de esas latitudes, en los días de viento fuerte, la gente está incontrolada y dispersa. Por eso los médicos árabes se referían a la enfermedades mentales como «enfermedades del viento en la cabeza». Entre el botarate y el que está volado hay variantes y matices diferenciales.

capítulo
diez

Sobre el pasado y el futuro

Superar las heridas

La vida es siempre una tarea que se dirige hacia delante. Vivir es proyectarse, poner metas y objetivos que nos empujen a seguir con ilusión. Pero vivir es también arriesgarse, si uno lo hace con intensidad, a fondo, de verdad. Cuando existen planes concretos y el orden actúa poniendo cada cosa en su sitio, todo va saliendo gradualmente.

Cada uno necesita resolverse como problema. *El hombre maduro es aquel que ha sabido reconciliarse con su pasado*. Ha podido superar, digerir e incluso cerrar las heridas del pasado. Y, a la vez, ensaya su mirada hacia el futuro prometedor e incierto. Esta es una de las tareas que tenemos los psiquiatras en la práctica psicoterapéutica: hacer una «cirugía estética» de la historia personal, ayudando a ese sujeto a realizar una lectura más positiva de su trayectoria. Esta excursión retrospectiva suaviza segmentos dolorosos de la vida y ayuda a mirar con amor aquellas parcelas especialmente conflictivas.

La vida es como un *boomerang*: un movimiento de ida

y vuelta; lo que siembras, recoges. Y es también un resultado: a la larga aflora lo que hemos ido haciendo y siendo. La vida es un trabajo gustoso y esforzado, grato y difícil, alegre y con sinsabores. Lo importante, sin embargo, es que no pasen las horas, los días, las semanas y los años en balde, tirando de la existencia, sino que sepamos llenarla de un contenido que merezca la pena y que se inserte dentro del programa personal que cada uno debe ir trazando.

El arte de vivir consiste en saber que el hombre es al mismo tiempo el artista y el objeto de la artesanía, el escultor y la talla, el pintor y el lienzo, el músico y la composición sinfónica. Lo importante no es solo vivir muchos años, que es lo que deseamos en su cumpleaños a un ser querido: larga vida. Lo esencial es vivirlos satisfactoriamente, con el alma. *La vida será plena si está llena de amor y uno consigue poseerse a sí mismo*, porque ser dueño de uno mismo es pilotar de forma adecuada la trayectoria que se ha escogido, procurando ser fiel a los propios principios.

El psiquiatra —lo hemos dicho— es un perforador de superficies. Baja al cuarto de máquinas de la conducta e intenta descubrir intenciones, planes, metas, porqués. No hay que perder de vista que la vida de cada uno tiene como sedimento la llamada *experiencia de la vida*, ese pasado vivido con intensidad y en primera persona. Cosas que nos han ocurrido, que han dejado huella en nuestra biografía y que la van troquelando paso a paso. En otras palabras, un *repertorio de usos psicológicos* que parpadean a la hora de poner en práctica lo mejor que se ha ido almacenando en las bodegas de la intimidad. Un «hilo Ariadna» que nos conduce al corazón de los hechos y nos descubre el jeroglífico de la conducta.

La psicoterapia no deja de ser una tarea de orfebrería para reconstruir el pasado. En tanto que psiquiatra, viajo con mi paciente hacia atrás, paso y repaso su vida, colándome por los distintos vericuetos de su historia personal. Pongo orden en su cuenta atrás y le devuelvo cierta paz. Le ofrezco otra visión de la jugada, que probablemente él no había visto.

En la tragedia *Hipólito* de Eurípides, a quien los dioses quieren destruir lo vuelven ciego, para que no pueda ver la realidad. El hombre vive haciéndose a sí mismo, luchando contra viento y marea por sacar lo mejor que se hospeda dentro de él. Por eso inventa, ensaya, organiza, descubre, se pierde y vuelve a encontrarse, se levanta de sus cenizas y empieza otra vez; se embarca ilusionado en alguna empresa concreta, pero a sabiendas de que antes o después necesitará rectificar el rumbo, poner sobre la mesa su cartografía personal y enderezar la travesía. Somos nuestro pasado, pero no quedamos agotados en él. Como decía Ortega, «el hombre no tiene naturaleza, sino que tiene historia (...) el auténtico ser del hombre está tendido a lo largo de su pasado».

Los griegos decían que en la vida se podían describir tres etapas. Una primera en la que uno es *autor*, otra que le sigue en la que se es *actor* y una última de *espectador*. Cada una corresponde a un tiempo concreto: futuro, presente y pasado. La secuencia al revés. Cuando uno es joven tiene muchas posibilidades, todo puede ocurrir, pero cuando uno es mayor está lleno de realidades. *Posibilidades y realidades constituyen un arco en el que se sitúa la realización personal.*

Hoy, hemos hipertrofiado el presente de nuestros jóvenes. Es la exaltación del instante, que coincide con lo que los psicoanalistas llaman «la muerte del padre». Falta visión de futuro, y el futuro es casi todo. Nos pasamos la vida pensando en el día de mañana. Ilusión, entusiasmo y promesas nos ayudan a diseñar lo que queremos ser de mayores. Ahí es nada. Es la delicia de abrir los ojos y soñar, pero al menos hemos de tener un pie en la tierra. Luego, cada uno va descubriendo las dificultades y limitaciones, pero sin perder los objetivos y sus anhelos. La dialéctica de uno mismo con la realidad va poniendo las cosas en su sitio.

En la actualidad asistimos a cierto desprecio del análisis de la vida como totalidad. Se observa y estudia solo alguna parcela —la profesional, la investigadora, la afectiva—, y se escamotea la visión global por la dificultad que supone encontrar biografías armónicas, coherentes, con las menores contradicciones posibles en su seno. Este es un síntoma claro de que vivimos en una sociedad psicológicamente enferma. Yo la diagnosticaría de neurótica, puesto que una cosa es lo que dice y enseña y otra, bien distinta, lo que fomenta y premia. Por un lado hablamos de una sociedad moderna, abierta, liberal, europea, con valores clásicos y nuevos, que abren otras perspectivas y esperanzas; y, al mismo tiempo, descuidamos los grandes temas de forma sistemática: la vida conyugal y su estabilidad, el valor de la familia, el respeto a las formas educativas...

En este *contexto* tan singular, tan desordenado, de la vieja Europa, cada uno tiene que elaborar su propio *texto*. Ambos forman una unidad intrínseca. No vale de nada mirar permanentemente al pasado, con el riesgo de convertirnos en una estatua de sal, pero sí bucear en él y aprender de la experiencia. *Lo mejor es aprovechar las enseñanzas del pasado, pero vivir empapado de porvenir*. Sacarle partido a todo lo que nos ha ido pasando, procurando volar sobre ello con una mirada positiva, deteniéndonos más en lo bueno que en lo malo. Lo contrario es convertirse en una persona agria, amargada, resentida, echada a perder, que no ha podido o no ha sabido superar ni cerrar las heridas antiguas.

Hay en psiquiatría varios trastornos psicológicos que hipertrofian el pasado de forma enfermiza. Los seres *nostálgicos* opinan que cualquier tiempo pasado fue mejor; los *depresivos* se instalan en la culpa retrospectiva y ella no les permite vivir la vida como anticipación y programa. Por su parte, los individuos *neuróticos* están heridos por el pasado que no han podido superar, atrapados en sus redes y anclados en los peores recuerdos. Esta fijación retrospectiva les impide mirar con esperanza hacia delante. Una cuarta variedad de la patología del pasado la constituye el *síndrome de Peter Pan*: negarse a crecer y a madurar, preferir quedarse en la época dorada de la infancia, donde todo es protección. «He elegido ser siempre niño y muchacho, no quiero aprender cosas serias ni ser mayor», como dice Peter Pan al capitán Crochet.

Así pues, *la prosperidad está siempre en el provenir*. Para vivir con ilusión y argumentos hay que mirar hacia delante, ser capaces de pasar las páginas negativas, azarosas, duras y frustrantes, aquellas que han frenado nuestra marcha o nos han sacado de la pista por la que circulábamos para meternos en una circunstancia conflictiva de retroceso evidente. La base de todo esto es *sentirse a gusto con uno mismo*, condición *sine qua non* para relacionarse bien con los demás. Cierta paz interior, hilvanada en su fuero interno de coherencia e invención, y una mezcla de inteligencia bien compensada con sentimientos positivos, son las que pueden disolver las heridas del pasado.

Una personalidad *psicológicamente sana* es aquella que tiene asumido el pasado —con todo lo que ello significa— y vive instalada en el presente que le sirve de puente colgante para transportarla hacia el provenir. La felicidad está en el futuro, en lo que está por llegar. Pero el arte de vivir consiste en el secreto de sacarle a la existencia lo más positivo que se hospeda en su interior; extraerle hasta la última gota de su zumo.

El pasado, pues, debe servirnos para dos cosas: como *arsenal de los conocimientos* que se han ido depositando a lo largo de nuestra existencia y, también, para *aprender en cabeza propia*.

NOTA FINAL

Algunas de la ideas desarrolladas en este libro han aparecido como artículos de prensa en *Blanco y Negro* —suplemento dominical del diario *Abc*— y en *El Semanal*, del grupo El Correo.

Sugerencias y recomendaciones del autor sobre textos relacionados con el tema del libro.

ALBERTI, R. y MATEO, M.ª A., *Canción de canciones*, Anaya-Muchnick, Madrid, 1995.

ALIGHIERI, D., *Divina Comedia*, Espasa Calpe, Madrid, 1993.

ARANGUREN, J. L., *Ética*, Revista de Occidente, Madrid, 1958.

ARCIPRESTE DE HITA, *Libro de buen amor*, Planeta, Barcelona, 1983.

ARISTÓFANES, *Las nubes*, Cátedra, Madrid, 1995.

ARISTÓTELES, *Ética a Nicómaco*, Espasa Calpe, Madrid, 1950

BOCCACCIO, G., *El Decamerón*, Alianza Editorial, Madrid, 1987.

BOURDIEU, P., *Sobre la televisión*, Anagrama, 2007.

BURTON, R., *Anatomía de la melancolía*, Espasa Calpe, Madrid, 1954

CASTIGLIONE, B. DE, *El Cortesano*, Cátedra, Madrid, 1994.

Châtelet, Madame Du, *Discurso sobre la felicidad*, Cátedra, Madrid, 1996.

Cioran, E. M., *En la cima de la desesperación*, Tusquets, Barcelona, 1991.

Confucio, *Aforismos*, Temas de Hoy, Madrid, 1997.

Darío, R., *Poesía*, Planeta, Barcelona, 1987.

Descartes, R., *Discurso del método*, Espasa Calpe, Madrid, 1995.

Epicuro, *Máximas para una vida feliz*, Temas de Hoy, Madrid, 1994.

Espronceda, J. de, «Canción del pirata», *Antología poética*, Taurus, Madrid, 1990.

Flaubert, G., *La educación sentimental*, Alianza Editorial, Madrid, 1995.

Freud, S., *Teoría de la neurosis*, Obras Completas, Biblioteca Nueva, Madrid, 1974.

Furet, F., *El hombre romántico*, Alianza Editorial, Madrid, 1997.

García Lorca, F., *Bodas de sangre*, Alianza Editorial, Madrid, 1994.

— *Doña Rosita la soltera*, Espasa Calpe, Madrid, 1995.

— *Poema del cante jondo*, Alianza Editorial, Madrid, 1994.

Garcilaso de la Vega, «Églogas», *Poesía Completa*, Espasa Calpe, Madrid, 1995.

Goethe. J, W. von, *Werther*, Editorial Juventud, Barcelona, 1986.

Goleman, D., *Inteligencia emocional*, Kairós, Barcelona, 1996.

Guiton, J., *Silencio sobre lo esencial*, Edicep, Valencia, 1991.

Handke, P., *La mujer zurda*, Alianza Editorial, Madrid, 1995.

Hazm, I., *El collar de la paloma*, Alianza Editorial, Madrid, 1995.

Jenofonte, *Recuerdos de Sócrates*, Planeta-Agostini, Barcelona, 1995.

Lasch, Ch., *The Culture of Narcissism*, Warner Books, Nueva York, 1989.

Lewis, C. S., *Cartas del Diablo a su sobrino*, Espasa Calpe, Madrid, 1992.

Maquiavelo, N., *Del arte de la guerra*, Tecnos, Madrid, 1988.

— *La mandrágora*, Bosch, Barcelona, 1984.

— *El Príncipe*, Temas de Hoy, Madrid, 1994.

Marías, J., *Breve tratado de la ilusión*, Alianza Editorial, Madrid, 1995.

— *Tratado de lo mejor*, Alianza Editorial, Madrid, 1995.

Maurois, A., *Climas*, Plaza y Janés, Barcelona, 1965.

Molière, *El enfermo imaginario*, La Galera, Barcelona, 1987.

Montaigne, M. de, *Ensayos escogidos*, Espasa Calpe, Buenos Aires, 1949.

Nietzsche, F., *La genealogía de la moral*, Alianza Editorial, Madrid, 1995.

Ortega y Gasset, J., *Estudios sobre el amor*, Revista de Occidente, Madrid, 1973.

— *Pasado y porvenir del hombre*, Revista de Occidente, Madrid, 1973.

Pascal, B., *Discurso sobre las pasiones amorosas*, Obras, Alfagura, Madrid, 1981.

— *Pensamientos*, Temas de Hoy, Madrid, 1995.

PETRARCA, F., *Cancionero*, Cátedra, Madrid, 1989.

PLATÓN, *Diálogos*, Espasa Calpe, Madrid, 1995.

POE, E. A., *Cuentos*, Planeta, Barcelona, 1998.

QUINCEY, T. DE, *Confesiones de un inglés comedor de opio*, Cátedra, Madrid, 1997.

ROBIN, L., *La théorie platonnique de l'amour*, París, 1964.

ROJAS, E., *El amor inteligente*, Temas de Hoy, Madrid, 2008.

ROJAS, F. DE, *La Celestina*, Planeta, Barcelona, 1980.

SAN AGUSTÍN, *Confesiones*, Juventud, Barcelona, 1986.

SANTO TOMÁS DE AQUINO, *Libro para principiantes*, Obras Completas, BAC, Madrid, 1969.

SARAMAGO, J., *Ensayo sobre la ceguera*, Alfaguara, Madrid, 1996.

SCHELER, M., *El resentimiento de la moral*, Espasa Calpe, Buenos Aires, 1944.

SÉNECA, *Invitación a la serenidad*, Temas de Hoy, Madrid, 1996.

— *Tratado sobre la brevedad de la vida*, Gredos, Madrid, 1974.

UNAMUNO, M. DE, *Amor y pedagogía*, Espasa Calpe, Madrid, 1989.

VALERA, J., *Pepita Jiménez*, Alianza Editorial, Madrid, 1995,

VINCI, LEONARDO DA, *Aforismos*, Espasa Calpe, Madrid, 1965.

WILDE, O., *Epístola: in carcere et vinculis*, Muchnik Editores, Barcelona, 1975.

WILSON, M. A., *Amor y familia. Guía práctica de educación y sexualidad*, Palabra, Madrid, 1998.

ZARZALEJOS, M., *Secretos de familia*, Planeta, Barcelona, 1998.

ÍNDICE TEMÁTICO

ÍNDICE ONOMÁSTICO